吃虧的力量

The Power of Losing

征服險惡職場、破解愛情難關，
擊退身邊小人！

Part One

觀念篇

Part Two

愛情&家庭

Part Three

工作&職場

Part Four

人際關係

Part Five

時事解析

推薦序一

非常高興能看到匡宇這本新書《吃虧的力量》面世。

我與匡宇結識於一場台北青年職涯發展中心所舉辦的「名人下午茶」活動上，他是主持人，我是受訪嘉賓，當時除了相談甚歡外，更驚訝地發現他目前恰好服務於我的母校東吳大學，這一下子又將我們彼此的距離拉得更近。

有趣的是，匡宇告訴我，他之所以能夠進入東吳大學華語教學中心擔任副主任，是因爲替某家雜誌社擔任活動主持人，由於在東吳舉辦校園論壇時表現優異，直接被校長延攬進入東吳工作。匡宇一開始先毛遂自薦取得雜誌社信賴，甚至有點「吃虧」地領取微薄報酬的那段經歷，都在書中有詳盡的描述。而他的這段經歷，也讓我想到了自己站在巨人肩膀上的創業故事。

多年前，我在取得資訊與管理相關學位回國後，很順利地立刻取得外商公司的工作機會，更陸續在Motorola、Dell、HP等國際知名企業擔任主管。當時的每一份工作，都足夠讓我生活平順，衣食無憂。但，世界的變化如此劇烈，商業競爭的浪潮一波又一波襲來，我親身體驗了美國品牌加台灣代工在消費性電子產業獨霸全球的高峰時代，也見證了中韓崛起後美商企業的衰退與敗亡。曾經是全球手機第一品牌的諾基亞，而今安在哉？我所服務過的Motorola，最後也決定結束在台手機銷售業務。對於一位在台灣資訊與電子消費產業深耕多年的從業人員，過去的累積，是否就此毀於一旦？從某種角度來看，這似乎是這個領域的專業人士，在面對世界局勢變化的浪潮下，必須吃的「虧」。

抗拒改變而家道中落的企業像是鐵達尼號，我不願意在大船撞到冰山了以後，在甲板上癡癡的等船沉沒。我心中產生了一個前所未有的嶄新念頭：「把吃虧當作對自己的投資，與其怨嘆一家企業的衰亡，不如擁抱改變，創造一個產業！」之後，在因緣際會之下，我認識了獵豹移動的執行長傅盛，他引領我將雪豹科技運營成為獵豹移動全球最重要的合作夥伴，協助其推廣全球業務，攜手讓獵豹移動今日成為全球一流的移動互聯網公司。

說到我們的APP產品，在傳統的眼光下，更是無法想像，是一種會「虧到傾家蕩產」的東西。以免費的手機清理加速軟體Clean Master為例，對於消費者來說，下載後用來清理手機中的垃圾、降低CPU的溫度……完全不必多花一毛錢，那麼公司到底如何獲利？傅盛也說過，他來台灣面試了幾個工程師，幾乎人人都會問他一個問題：「免費的軟體怎麼賺錢？」

全球二十億的下載量，成就了我們作爲全球第二大APP開發商的地位，而用戶的流量就是我們獲利的來源！以Clean Master目前六億用戶來說，其背後的廣告價值，超乎想像。在大數據的分析運算下，我們得以歸納出使用者大致的面貌，例如性別、年齡、國籍、興趣、工作類型……等資料，提供給廣告客戶在投遞廣告前做精準的評估，而我們自身也成爲了移動廣告平台的全球前三大。在我們的努力下，目前客戶包括全球五百多家知名品牌，更與全球互聯網巨頭包括Facebook、Google、Yahoo等移動廣告聯盟合作，建立深度又密切的合作，海外深耕的腳步毫不停歇。

這完全呼應了匡宇在《吃虧的力量》中所提倡的精神。有時候在人生或職場中，吃虧受阻在所難免，要是什麼都不做，就只是吃虧而已。但如果能殫智竭慮，就一定能在看似坐困愁城的危機中，找到得以突圍獲利的新契機；甚至在一開始的時候刻意「吃虧」，不看眼前獲利，因爲我們知道犧牲了眼前小利後能得到的，是最終巨大的機會和利益。

台灣的年輕人不缺乏實力，缺乏的往往是舞台，而在現今的全球席捲浪潮下，許多人仍舊坐井觀天，洋洋得意於各種小確幸。匡宇的表達力、意志力、執行力恰恰可以作爲時下青年人云亦云氛圍裏的暮鼓晨鐘。我經常留意匡宇在各種場合的演講，他充滿機智、幽默、積極的表達方式，深深的感動了我。我甚至邀請他來雪豹擔任一日講師，希望雪豹同仁都能學習他的精神與口才。我更要推薦《吃虧的力量》這本書，不僅能提供大家在生活中、職場裡、愛情及人際上面對吃虧的方法，更重要的是能培養一種思考的方式，處理無可避免的形象與公關危機，甚至站上世界的舞台，與其他國家優秀的人才「華山論劍」，學習競爭。謹將此書推薦給大家，重新認識吃虧，並一起擁抱吃虧、熱愛吃虧。

——雪豹科技董事長暨台灣紫牛創業協會理事

吳德威

推薦序二

曾經聽過一個成功的企業家說，他年輕的時候白手起家，免不了要與友人合夥、合作。草創初期自己勢力單薄，爲了合夥成功，他主動告訴友人，做生意的利潤，他只拿四成，其他六成歸合夥人。結果，合作馬上開始後，生意進行得很順遂，後來有越來越多勢力與資金更雄厚的人前來找他合作。他的企業規模也跟著水漲船高。當初合作的友人，後來成就都無法與他相提並論、同日而語。

我認識匡宇以來，一直覺得他是一位很「smart」的人，倒不是強調他各方面的能力，而在於他看事情總是能多看透一層，把眞正的道理、事實呈現出來，進而去影響四周的人，用更正確的觀念及態度來面對環境，處理事情。匡宇這本新書《吃虧的力量》對我來講，就是一個很棒的例子，給人清澈見底的激勵與鼓舞。

自古流傳至今的教誨：「吃虧就是佔便宜」其中有很深的人生哲理及文化意涵。只可惜，對大多數的現代人來說，這句格言好像都是在被師長要求之下，才憤憤不平或無可奈何的接受。匡宇用鮮活的古代歷史故事及現代企業界常發生的例子，重新闡述這句格言，不僅正確且充滿正向思考，而且還很靈活，能夠透過各種不同手法來有效運用。書中更深入地探討如何在各種情境下，應用觀念、活用人際關係，把原本令人喪氣的「吃虧」，轉換成造就成功的「力量」。

在企業中工作，常聽到人抱怨說自己被分到一個爛單位，或面對的處境是「我是強將，但底下都是弱兵……」，或被告知「能者多勞……」而感覺「被凹」的種種無奈心情，匡宇在書中都一一用很好的例子，破解這些看似很無奈的困境，並告訴你如何在此狀況下反敗為勝。

著名的佛教聖書《金剛經》中提到，每個人固有根基就蘊藏了五眼的能力，亦即「肉眼、天眼、慧眼、法眼與佛眼」，天眼使人能看到超越時空的人、事、物，再則所謂「慧眼識英雄」，慧眼賦予的能力更是超越天眼，能夠看穿面前這個人的個性、能力、品格，而預知其人的未來表現。更進一層，當一個人能發揮其法眼能力，就能綜觀全局，看到不同人、事、物在整個事件、組織扮演的角色、相互的利害關係，往往可以使人趨吉避凶，成就人業。匡宇在書中分享他的經驗，告訴各位讀者如何看透一層層的眞實面，及當事人在每個事件的利害得失，就如同法眼描述的精髓，能使讀者在工作、生活上更成功。

匡宇長年在國外發展，不只語言文字能力很強，也看遍各種文化背景與各行各業人物的行事風格。他更在主持重要人物訪談活動上有令人驚豔的能力表現，他也是我認識的朋友中，極少數毅力堅強、努力開創事業的人，由他來闡述這個中國固有充滿智慧的哲理，再恰當不過了。而讀者在行雲或細嚼這本書，更勝多部艱澀的企業管理鉅著。

承蒙匡宇的友誼與信任，獲邀撰寫這篇專文推薦，希望能幫助大家更了解他的用心及智慧，也祝他出書順利。

匡宇加油！

——和碩聯合科技網通視訊產品研發中心總經理

黃中于

前言

吃虧就是佔便宜？你沒想到、不去做，就眞的只是被佔便宜而已！

從小，我們就不斷被這麼教育：「吃虧就是佔便宜。」

但，眞的是如此嗎？

明明就是被人家佔便宜、吃虧了，還硬要騙自己說：「沒關係，我這樣是在佔便宜」，這不是阿Q心態、自欺欺人是什麼？我沒辦法同意這種說法。

不過，很多時候形勢比人強，如果對方是你的上司、客戶、社經地位比你高的人，或者你知道未來有需要對方幫助的地方，那麼眼前的這個虧，你能不吃嗎？能不摸摸鼻子吞下去嗎？

你必須吞下去。

可是，吞下去就代表事情的結果最終就停留在這裡嗎？那可不行！

所謂的「吃虧就是佔便宜」，指的是當你「運氣很好」的時候，那麼或許原本吃的虧，到頭來反而變成你的一個優勢或利基點，讓你得到超乎想像的獲利。

最有名的例子，莫過於《淮南子．人間訓》當中「塞翁失馬，焉知非福」的例子。

從前，在北部要塞邊境之處，有一個人很會養馬，於是大家都以塞翁稱呼他。有一天，塞翁養的一匹馬，突然衝出馬廄，一路奔跑到了胡人居住的地方。鄰里的人知道這個消息，都來安慰塞翁，丟了一匹如此辛苦養大的駿馬，千萬別太難過。沒想到塞翁一點都不難過，反而笑笑地說：「我的馬雖然走失了，但這說不定是件好事呢！」

鄰居們當下都覺得很奇怪，塞翁失去辛苦養大的駿馬，怎麼會是這種反應？沒想到幾個月後，塞翁走失的那匹駿馬居然自己跑了回來，還帶上胡人飼養的一匹更珍貴的寶馬！鄰居們聽說這個事情後，紛紛跑到塞翁家來道賀。但塞翁這時反而皺起眉頭說：「哎呀，白白得來這匹駿馬恐怕不是什麼好事啊！」

塞翁因爲養馬，他的寶貝獨子從小也喜歡騎馬。有天塞翁的兒子騎著這匹胡地來的寶馬出外遊玩，突然寶馬一陣發狂，他不小心從馬背上摔落而跌斷了腿。鄰居們知道後，又趕來塞翁家，勸塞翁不要太傷心。沒想到塞翁表情淡定地對大家說：「我的兒子雖然摔斷了腿，但這說不定是件好事呢！」鄰居每個人都莫名其妙，他們認爲塞翁肯定是傷心過頭，糊塗了、瘋了。

沒多久，胡人大舉入侵，塞翁國家的青年男子都被徵調去當兵，而胡人驍勇善戰，使得國內年輕男子大都戰死沙場，塞翁的兒子則因爲摔斷了腿不用當兵，反而因此保全了性命。這時鄰居們才體悟到，當初塞翁所說的那些話裡隱含的智慧，對他先知的能力嘖嘖稱奇。

此故事主要想傳達一個觀念，那就是人生中很多事情，冥冥中自有注定，一件事情是福是禍，往往不是看它的表象、或者一開始就可以判定的，也可以衍伸來想，人生凡事順其自然，遇到順心的事不要太得意，遇到沮喪挫折的時候也不要太灰心喪志，應該淡然處之。

許多人就因爲這個深富智慧的故事，於是在日常生活中遇到吃虧的事情時，便開始安慰自己，說不定現在看起來是吃虧的事情，之後會變成好事也說不定呀！就像發生在塞翁和他兒子身上的故事一樣。

但故事之所以叫故事，便表示它眞的是一個特例，也就是說就算曾經發生在別人身上，但不一定會發生在你身上；又或者依照你自身過去的經驗，的確也曾經發生過前期看起來像是吃虧，後期反而變成幫助你趨吉避凶的好事，只不過，這個比例很低，有百分之一就不錯了。

於是，吃虧，在大多數情形下，是不會「自動」變成佔便宜的，除非你運氣好，而大部分的人運氣都沒那麼好。

因此，透過這本書，我想用更多例子，甚至是自身的故事，以及我從中得出的經驗與體悟來闡明一個觀念：吃虧不見得會佔便宜，而是你要很努力地透過兩個方式，包括外部行動上的扭轉，以及內部思想上的轉化，也就是非常地主動積極，才有可能把看起來像是吃虧的事情，轉變成有益的結果，或至少是能讓自己向上提升的力量。

而只要訓練自己這種外部和內部的力量，任何一個人，都可以在某種程度上改變命運，讓自己越來越好運！你一定很好奇是怎麼做到的，就讓我們繼續看下去吧！

Part One

觀念篇

吃虧，眞的只是吃虧嗎？

沒有人喜歡吃虧，但我認爲，這是因爲大部分的人，對於吃虧的認知是：

1. **認爲自己「多」付出了些什麼。**
2. **被別人拿走某些「認爲原本該屬於自己的東西」。**

首先，讓我們針對第一點來討論一下。

會產生這種「多」付出些什麼，所以「吃虧了」的想法，其實是很合理的。例如在職場上，身處同一個部門，明明大家都領一樣的薪水，憑什麼我做的事情比你多，或者我負責的業務比你的業務困難呢？在這種情形下，很難不產生吃虧的感覺。這同時也因爲，多付出的人，似乎發現自己的付出，並不會被看見或被認可，於是覺得自己這樣很不値得。

可是，「多」付出，眞的是一種在時間與精力上的徒勞無功嗎？我倒不這麼認爲。

因爲，上司和同事的眼睛其實比我們想像得銳利，他們一定知道在同一個單位，誰付出比較多、誰付出比較少；誰比較認眞盡力、誰比較打混摸魚。而且如果你的付出是「眞的有效益」的付出，那麼一定會被上司在心中暗暗留下良好的印象，未來有任何升遷的機會，第一個就想到你。

這時要特別留意的是，如果單純只是付出時間和精力，但是「沒有實質產出」，那麼所謂付出的時間與精力，就是一種浪費，也不會得到上司的認可，一切就只是白搭。所以，每到一個職場和單位，就要先眼觀四面耳聽八方，去觀察最受賞識的同仁或長官，是如何精準有效地執行工作，向這樣的強者學習，才能事半功倍，讓自己的付出能夠得到最大的產值。

將吃虧化為助力

我曾經在網路上看過一篇短文，作者是曾擔任過臺北教育大學校長的林天祐教授。大意是說，他當年在紐約攻讀研究所的時候，因爲拿了獎學金，理應幫指導教授與系主任擔任助理的工作，但指導教授承接了非常多的專案，其他助理一放假就跑去度假，享受屬於他們的權益，只有他獨自留下來陪指導教授做研究、蒐集資料，雖然犧牲了許多玩樂的時間，但從過程培養出強大的統計與分析資料的能力，對未來自己論文的寫作以及後續教授資格的晉升，多所助益。

同時他也回想到自己早年投入教育行政領域時，總是任勞任怨，主動去承接一些業務、承擔別人不想承擔的責任，所以當後來完成學位回國爭取教職，即便正是國內申請教職競爭最激烈的時期，他依然能獲得青睞，從眾多優秀的競爭者中脫穎而出，想來應該是因爲當初的認眞負責、勇於任事，在長官和教育界的學長姐們留下了深刻的印象，才能在日後受到他們的推薦，順利進入自己心目中的教育職場。他認爲，自己的這兩個故事，都是「吃虧就是佔便宜」最好的例子。

的確，如果從一個比較長遠、宏觀的角度來看，當下的「吃虧」，很有可能是墊高專業實力、展現負責態度的機會。當你在職場承接的業務越繁重、越廣泛，代表的是你將能訓練自己的不同能力，最重要的是，你將贏得上司或老闆的信任。如果一個員工從規劃、財務、行銷、執行、磋商、業務開發……等都得心應手，這種員工誰想讓他（她）走？哪個接觸過的同業會不想挖角？於是，職場上很多看似吃虧的事情，其實就是培養專業能力和贏得貴人信任的機會。

「認真」吃虧，「彰顯」付出

但這又回到一個重點。那就是在吃虧的當下，眞的要非常認眞地去執行這件讓你「虧到」的業務或工作，像擰出濕毛巾的最後一滴水般，榨出它的所有效益。如果上文中的林天祐老師在當研究生時，態度隨便地處理指導老師交付的研究任務，也不可能訓練出自己分析海量資料、歸納重點的能力，更不可能獲得指導教授的信任，爲他日後的工作晉升做推薦。既然橫豎都要吃虧，就吃得認眞點吧！因爲過程中所培養出來的能力，是別人拿不走的。

而另一個重點則是：吃虧的人必須懂得適當地爲自己宣傳，也就是要巧妙地讓長官和上司知道「事情都是你做的」。

以林天祐老師的故事爲例，每逢週末，指導教授都能在研究室看到他、Email也都是他在回覆、開會時都由他向教授提出分析數據與資料，那麼誰最認眞、誰付出最多，不說自明。在職場和其他領域的工作也是一樣，你可以自告奮勇地讓自己成爲團隊中負責簡報的人，或者幫上司做好簡報資料後私下提醒他，「待會兒大老闆要是問到某個細項，您可以吩咐我來回答即可。」這樣一來，不但提醒了直屬上司你有多用心，也有機會讓眞正的大老闆看到你的專業素養，奠定你在他們心目中的地位。這都是「吃虧」熬夜加班、付出比其他同事更多時間和精神後，你應得的報償，千萬不要只會傻傻做，而不知道「讓人看見」。

失去「原本屬於自己的東西」

人會覺得吃虧，有另外一個原因，是因爲認爲「原本屬於自己的東西被拿走」，所以內心覺得不平。

的確，如果眞是我們的東西，但被別人拿走，當然會覺得吃虧了。例如原本的固定薪水，因爲遇到金融海嘯，被公司強迫減薪，或者放無薪假；本來繳交一定金額的健保費，卻因爲政府害怕健保體系入不敷出而瓦解，於是提高月保費，或者透過徵收二代健保以及增加其他稅收的方式，讓我們多付稅金；臺北市原本畫白線以及畫好停車格不收費的地方，柯文哲市長上任後要求未來一律收費，因爲他認爲使用者付費天經地義，這也讓原本停得好好的居民，強烈反彈。這些都會讓原本覺得薪水就該是這樣、不該多繳稅、原本這塊地我可以停車的人們，覺得憤憤不平，失去原本的權益，覺得自己吃虧了。

但，關於減薪和放無薪假，用一個理性的角度來看，如果企業持續硬「撐著」發放全薪，導致公司經營不善、挺不過金融海嘯而倒閉，到時候失業的員工數會更多，還有可能引起連鎖恐慌效應，讓其他各行各業陷入蕭條，更多的人失業，最慘的是，原本應該發放給員工的資遣費，在企業倒閉後員工們投訴無門，這難道會是大家想看到的結果嗎？領得少，總比沒有好；放無薪假，也強過永遠被裁員。

軍公教退休人員的優惠存款利率18％或健保加收二代健保費也是一樣。福利刪減、增加保費支出固然讓原本的受益人覺得自己吃虧了，但總比整個保險體制崩盤，什麼都拿不到、債留子孫要好吧？有時候，犧牲自己眼前的利益，卻能換到整體社會乃至於自己未來的更大利益，何樂而不為呢？

理性判斷，找出方法

臺北市原本的免費停車格改成收費，則是另一種邏輯。說眞的，如果公有地本來就是臺北市政府的，那麼政府要收回，或者改成指定用途、變成收費的停車格，也是地主臺北市政府的權利。況且使用者付費的觀念也沒有錯，畢竟一旦收費之後，就有管理團隊進駐，也能減少地方上搶停車位、佔用停車位的糾紛。

只不過對於附近的居民而言，本來可以免費停車的地方，突然變成要收費，心理上一時接受不了，但仔細想想後，除了可以透過議員爭取之外，循正常途徑表達抗議也是可行的手段。畢竟是政府的地，政府有絕對的權力決定如何使用，就算最後眞的還是得收費，也許規劃一個折扣的方式讓居民得以用優惠的價格停車，居民心理上也會比較能接受。

透過以上幾個例子，我眞正想表達的是，很多「本來應該」是我們的東西、權益或福利，其實根本就不是「本來」，也沒有「應該」，如果可以認清這一點，或者看透問題的核心，便能覺得好過一點，並且試著尋找最佳的應對措施和解決方式，讓事情往一個比較能接受的方向邁進。而這個時候，我在書中強調的見縫插針、扭轉乾坤，便能發揮適當的功能。

藉由吃虧，提升個人品牌的知名度與價值

有很多虧，是已經發生而且不可逆的，這時你還能怎麼辦呢？

我的好友高至豪（Pianoboy）是一位流行鋼琴作曲家暨演奏家，從二〇〇七年就開始發表自創曲，其中一首《The Truth That You Leave》，更是膾炙人口，受到許多樂迷喜愛，不但被偶像劇收錄爲配樂，甚至曾被誤會是周杰倫的創作。

在二〇一五年的年中，至豪告訴我，有中國網友私訊告訴他，說他創作發表的一首曲子《Alone On The Way》，被中國的某部電影拿來當作是宣傳短片中的配樂。這應該很值得開心吧？表示他的曲子得到電影公司的認同，而且因爲該電影在中國大陸的票房極佳，對於Pianoboy的知名度也有正面的幫助。

問題是，自己的音樂被剪進了宣傳短片這件事，至豪根本就不知情啊！製作公司根本沒有先行告知，更沒有給予應支付的音樂版權費用，擺明了就是剽竊。

當這個事情剛發生的時候，有人這麼勸至豪：「算了吧，中國大陸對於版權

的保護意識如此低落，你不但投訴無門，即使告上法院，經過曠日費時的訴訟過程，也很難得到你要的道歉或賠償，不如就當作電影免費幫你宣傳音樂吧！」

⌖拒絕吃悶虧！想辦法翻轉局勢

問題是，至豪左思右想，都認爲「用了他的音樂卻沒有標註原創者是誰」，對於他的品牌價值與知名度非但沒有一絲幫助，從更宏觀的角度來看，若是自己默不作聲，等於是鼓勵廠商未來更能肆無忌憚地壓榨和剽竊音樂創作人的作品，反正也不會得到什麼懲罰。爲了自己，也爲了整個音樂產業，他必須挺身而出、做點什麼。

於是，他自己寫好了一篇新聞稿，先貼到網路上，讓網友們自行比對那部電影宣傳片中使用的音樂，跟他創作的曲子是否一模一樣。果然，一聽過音樂的人，都認同這根本就是同一首曲子無誤，這麼一來，主流媒體也感興趣了，一窩蜂地跟至豪約時間訪談，最後共有四十幾家中外媒體將此事寫成報導，一下子就將他的知名度大大地推升。

創作人的作品被抄襲或剽竊的事情，所在多有，尤其是被對岸抄襲剽竊的時候，眞的會讓很多創作人欲哭無淚，因爲幾乎可以確定的是，根本找不到抄襲剽竊的始作俑者，進入司法程序後也只是浪費時間，得不到應有的賠償。但，如果你心裡眞的如此相信，也不做任何困獸之鬥，那麼事情就會如你所預期的，只是作品被剽竊抄襲而已。

但，至豪很積極地在論壇上發聲、又很巧妙地運用新聞媒體的影響力，不僅順利讓自己的知名度迅速攀升，並且營造了他「爲創作者們發聲、爲保護智慧財產權努力」的形象。

因此，當你已經吃了虧時，不要什麼都不做，眞的讓它只成爲一個「悶虧」，而是想方設法，讓這個已經吃下去、無法改變的「虧」，能夠用另外一種方式，成爲你職位晉升、品牌或形象加分的推進器，如此一來，吃虧就不是吃虧，而是一種獲利了。

吃虧，是爲了背後的巨大利益

大家應該都可以理解，有時候吃虧的當下默不作聲，甚至還表現出歡天喜地的樣子，是因爲你知道現在看起來是吃虧的事情，背後隱藏的是莫大的利益，爲了那個利益，再怎麼樣都要把這個吃虧或受氣給吞下去。我就有兩個非常值得拿來做討論與比較的經驗。

打從我出版第一本書，確定以激勵達人爲畢生職志，並且以寫作、演講和主持作爲達成這個目標的手段後，在主持這件事情上，就不斷地毛遂自薦。試想，如果我能獲得電視節目主持機會、囊括各大優質論壇主持工作，豈不是能擴大自己的知名度，使得更多人願意聽我的演講、看我的書，被我正面地影響著？因此，成爲一位優質又擁有高知名度的主持人，對我成爲激勵達人這件事，有著莫大的助益。

於是，向常常舉辦論壇活動的單位推薦自己，便成了一定要做的事情。但當你沒有知名度的時候，自我推薦常常是一件充滿挫折、徒勞無功的事。主辦單位寧可出五萬請一位知名的主持人，也不願意花五千請一個沒沒無聞的小咖，況且從來沒有跟你合作過，不知道你到底行不行，怎麼敢冒這個風險呢？

「機會」只會落在準備好的人身上

這時如果你是我，難道就只有放棄嗎？

不！我選擇的是，一方面不斷持續寫作出版（主流媒體沒有舞臺，至少大眾去逛書店時固定一段時間都會看到我的書，達到廣告效益）、一方面提升自己的主持功力（藉由想像和看其他主持人的影片、現場觀摩來強化實力），一方面也「不要臉地」一直毛遂自薦，每次出書時寫信給知名雜誌總編問候，並推薦自己擔任講座主持人，可惜一直都沒有正面的回應。

直到三年多前，我在韓國的一場國際電子期刊大會上，與台灣某大雜誌社的業務副總交換名片後，才開啟了進一步合作的大門。換完名片後的半年，我決定辭掉在韓國的教職，回台發展。想到了當時偶遇那位副總，於是打電話過去，約碰面談合作的時間。我後來才從對方口中得知，當時跟我碰面，只是基於禮貌，因爲也不知道我有幾斤幾兩。他們公司承辦的活動實在非常多，看我這麼有誠意，就姑且試用一次看看吧。

第一場讓我試身手的活動結束後，所有工作人員和講者都誇獎我主持得非常好，於是之後他們公司承辦的各大活動都很放心地交給我來主持或擔任司儀，賦予我主持重任。

⌖化吃虧為成功槓桿

我從這個經驗有一個體悟，那就是——如果你還不是一個咖，千萬別幻想自己應該被別人認可；即使你覺得自己的實力堅強，但當別人都不知道、不認可的時候，你也沒有自視甚高的資格。試著在這段時期持續做以下這四件事吧！

1. **不斷提升自己的實力↓每天在自己的專業上花時間、下苦功，放棄一些不必要的娛樂。**
2. **想辦法讓自己被看見↓勇於毛遂自薦。**

3. 站在巨人的肩膀上→用傑出表現讓上司或大咖願意給你更大舞臺。

4. 與其他同質產品做出區隔→例如我不斷精進英、日、韓三國外語能力。

只要你也像我一樣堅持不放棄，一定也能坐上你夢寐以求的位子，發揮你想發揮的影響力！

話又說回來，我第一次爭取到該公司活動主持的時候，內心雖然很開心，但也參雜了一股淡淡的憂傷。因爲對方從沒有跟我合作過，也不知道我到底行不行，重點是那些場次，說眞的沒有我也不會怎麼樣，訓練自己的員工「硬上」，應該也不會差到哪裡去，眞不知道請我這個主持人，該給我多少錢，於是剛開始合作的價碼並不是太高。

而我必須在活動開始前的一個半小時就來到會場預備彩排，還得在每一個系列活動前參加全體工作人員的會前會，甚至有時候因爲場地的問題，必須前一天就到現場彩排，再加上活動地點分佈全台各地，往往到了台南或高雄主持，那麼半天或一天的時間就這麼沒了，回到台北的家往往超過十一、二點，有時甚至得自費搭乘計程車回家。

吃小虧，得大利

但仔細想想，我平時的主持與演講公訂價雖高，不過知名度尚未人盡皆知，就算有單位願意用那個價位邀約我，也頂多一個月兩到三場，有時候他們還「哭窮」，希望我能打點折，尤其許多學校單位兩手一攤，直接說只給得起法定基本價，最後加一句「還請老師您見諒」。而那家大雜誌社雖然酬勞不高，但平均一個月可以有八到十個場次，特別是它的品牌價值有其專業性與信賴感，透過全台走透透，我個人的品牌價值與這家成立了三十多年的雜誌社緊緊結合，對我有極高的拉抬效應。再用一個更宏觀的角度來看，對於一個迫切需要建立名聲與高度的主持人來說，就算一毛都不給我，我也要爭取這個主持的機會。

而之後許多正面的效益一一浮現，由於我的主持功力在一次次磨練後更臻化境，在我到東吳大學主持完最後一場的校園巡迴論壇後，直接被潘維大校長欽點，進入東吳大學擔任華語教學中心的副主任，負責對外招生、宣傳與中心營運。由於每場論壇邀請的講者皆爲業界的一時之選，我也與各大企業公司的高層認識，獲邀到公司演講、授課，還因爲替「亞洲人才創新論壇」主講人的韓國樹木星球公司執行長金亨洙做口譯，未來有機會負責該公司在台的營運與宣傳。

之所以有這些機會，都是因爲我願意接受當時的「小虧」，進而得到的「大利」。

因此，誰說一定不能吃虧呢？吃下眼前的虧，反而能爲自己帶來無法想像的好處。但吃虧可不是盲目地吃，而要能張大眼睛，先看清其背後可能隱藏的正面效益。

已經吃虧了，還能起死回生？

我在韓國的大學擔任教職的那幾年，總是「不安於室」，課餘時間常往外跑，去參加活動、看話劇、聽音樂會和舞蹈表演，一方面能認識新朋友，一方面也迅速融入社會。在好友介紹下，認識了一位韓國的知名電影公司監製南大哥。南大哥的公司近年製作過兩部賣座的電影，一部是《朋友2》，一部是《技術者們》，兩部電影都由近年韓國的當紅男星金宇彬擔綱主演。

南大哥是一個擁有雄圖大略的人，不想只以韓國市場為根據地，希望也能在中國大陸的市場插旗，於是很積極地透過朋友介紹、參與影展和影視版權交易會，想要認識對的人，協助他和他旗下的導演進入中國市場。他十分欣賞我能說中英日韓四國語言的實力，因此付費請我幫他翻譯了幾部韓文的劇本，無奈在我交出中譯作品，投遞給原本展現高度興趣的中國電影投資人後，卻依然石沉大海，但我們從沒有放棄。終於在我們認識了兩年後，有天南大哥忽然打了通越洋電話給已經回到台灣發展的我，告訴我由於《技術者們》這部電影的成功，中國某個影視集團打算注資合拍續集。而當時我幫他翻譯的劇本，發揮了莫大的作用，於是請我一定要接受他的邀請，幾個月後飛到韓國，與他一起工作，成爲公司的一員，未來作爲國際部長，隨著劇組在杜拜、上海、韓國三地穿梭拍攝，發揮我的外語實力和運籌帷幄的能力。

我當然是爽快的答應了，期間也就那部我翻譯好的劇本內容，依韓國編劇和中國公司的要求，在最短時間內一再修改寄送。但奇怪的事情發生了。當我把最後的版本交出去後，隔了三個月，南大哥方面卻依然沒有消息，直到我寫信正式詢問後，他才告訴我，因爲一些中國與韓國投資方合資比例的問題，這個計劃要先延宕一陣子，何時能夠再啟動，現在也不好說，因此只能向我說聲抱歉了。

其實在他正式回答我之前，我大概能猜到也許是計劃有變，他才遲遲沒有回應，否則以我認識的南大哥，以及一向頻繁魚雁往返的經驗，是不太可能這樣沒消沒息的。當時剛好我蒙受東吳大學校長的青睞，延攬我到校園工作，本來還在想該如何取捨，得到了南大哥的答案後，便「無縫接軌」地選擇了東吳大學華語教學中心的職務，暫時將韓國的電影事業擱在一邊。

⌖訂下未來的新方向

在華語教學中心的業務日漸熟悉穩定的同時，我的另一個計劃悄然成型。一直以來，我都是一位作家、演講家和主持人，但就像我的座右銘一樣，我總是期望自己「站上更大的舞臺，發揮更大的影響力」。現今這個時代，媒體與網路的力量無遠弗屆，影像有時比文字更具有親近性與傳播力。於是，如何將我的理念透過影像方式來傳達，便成爲了我下一步人生規劃的重點，而電影，便是一個極佳的表現方式。

我在創作小說的時候，常會參考不同的社會事件當作故事發想的素材，而每當發生了類似白曉燕擄人勒贖案、北捷隨機殺人案時，總會浮現一個想法：許多人大聲疾呼要廢除死刑，但這是否因爲犯罪者泯滅人性的犯行，不是發生在支持廢死者自己、最愛的人，或者周遭親友身上呢？如果發生在這些人身上，還會那麼義正詞嚴地說要廢除死刑嗎？一個人，能爲自己的理念堅持到什麼地步？

依據這樣的概念，我發展出了一個電影短片故事，找來一位優秀的年輕導演、一位有經驗的製片，以及業界評價頗高的拍攝及服裝設計團隊，當然還有表現傑出的演員們，準備製作一部討論富有哲學性、道德性、時事性與故事性的電影短片，並且以投遞各國影展爲目標，志在得獎。

既然要踏入電影圈，我忽然想到，如果能得到國內外影視集團支持，大則以資金溢注投資拍片，小則以業界經驗給予我意見，都能讓我的影視創作之路走得更加順遂，於是跟這些強者和前輩請教，便成了必須做的事情。

多方嘗試，成了未來發展的伏線

我靈機一動，想到當時在幫南大哥翻譯時，書信往返的過程中，有留下中國影視公司一位趙小姐的電子信箱，於是便寫信給她，詢問是否有這個榮幸可以認識她？無論是她來臺北，或者我飛到上海與她進行拜訪面談，都是可行的方式。結果她立刻回覆我十分樂意，而且她在一個月後便有既定的行程來臺北，可以相約碰面。

就這樣，我們在臺北碰了第一次面，這場會面上我們相談甚歡。結果她可不是名不見經傳的小咖，而是上海欣億影視集團的總裁！她也主動提到，當時與南大哥的合作破局，主要是因爲韓方的某位投資人方面有些問題，但中國這邊非常希望能夠繼續這個計劃，由她出面直接問南大哥怕不太好，是否能由我這裡代她詢問？

我二話不說，直接傳訊息給南大哥告知對方想要繼續這個計劃的誠意，不到十分鐘，南大哥便回覆我，邀我一起到上海，跟趙小姐再碰一次面，把當時阻撓這個電影計劃的障礙點給釐清，重啟合作。

一個當初可能破局的案子，就這麼被我給「救」回來了，我從吃虧的、被犧牲的角色（本來說要僱用我又取消），一舉又回到談判桌，而且扮演了更加重要的關鍵人物，未來在整部電影的推動過程中，將被賦予更重大的責任，這，都是因爲我「先吃虧」，但一直想著如何扭轉，並且「不要臉地」採取行動、多做一點，所導致的美好結果。

由此可見，吃虧，它眞的可以不只是吃虧，只要你能夠看清事情的來龍去脈，一定能在看似一團的迷霧中，找到可行的作法，擘畫出更清晰的目標，然後一舉爲自己也爲更多人打下美好的江山。

誠實面對自己的不足，把握機會加以提升

有時候，吃虧的情形會發生，其實是你「自找的」，無論那是因爲你的努力不夠，還是因爲先天不足，後天失調，在職場上，只要這項能力你不具備，就只能眼睜睜地看著機會被別人拿走，地盤被人家佔走，甚至還遭遇極大的羞辱。而在這吃虧的當下，以及吃虧之後你採取的心態和行動，便決定了事情將往哪個方向發展。你是掩耳盜鈴、視而不見、心生怨懟？還是正視問題、痛定思痛、尋求改進？你的選擇，將爲你迎來完全不同的未來！

曾經在《今周刊》雜誌上看過一篇專訪，讓我印象深刻，也爲受訪主角的勇氣與行動大聲喝彩。

目前擔任凱基銀行副董事長的王幼章先生，是紐約大學國際經濟學碩士、哈佛大學商學院AMP，曾擔任花旗銀行亞太區銀行處負責人、董事總經理，之後在開發工銀擔任企業金融執行長、開發金控資深副總經理……等等，每一個頭銜都

是赫赫有名，也顯示他在過去的每個單位必定是戰功彪炳。但，優秀如他，也曾經遭遇過極大的挫敗。

王幼章副董事長自陳，自己在二十八歲時，已當上百事可樂台灣分公司的行銷主管，當時亞洲區領導想拔擢他擔任國際亞太區行銷主管，但他的老闆私下告訴他：「你是一個台灣人，英文能力不好，我很擔心你將來在與美國總部溝通會有很大的問題，如果你要接這個位置，勢必得重修英文」，而這番話，讓一直以來自視甚高的他「哭了一個晚上」。

只不過哭歸哭，有人哭完照樣日復一日，不思改變，王幼章則是選擇正面迎擊，爲了補足英語不夠好的缺陷，找來專業的外籍家教，每週六上一整天的商務英語，上了整整一年。因爲有心，又夠努力，一年以後，王幼章不但可以順暢地在美國總部對著全球主管進行一小時以上的英語簡報，後來也讓他得以非金融企管背景的身份，進入花旗銀行任職。這都是因爲他勇於面對讓自己「吃虧」的弱點，而迎來的美好結果。

吃苦就是吃補

還有一種類似這樣的吃虧，則是爲了磨練自己的實力，必須呑下的「虧」。餐廳「風流小館」的主廚游育甄，曾經待過臺北的頂級法式餐廳「侯布雄」，擔任日籍主廚須賀洋介的助理廚師。須賀洋介對待助理主廚絲毫不留情面，只要節奏一跟不上，就是日語加法語狂罵，順道用無影腳踹下去，連對待女助理廚師也是如此，游育甄就被踹過好幾腳，更時常被罵個狗血淋頭。她也曾經覺得受盡羞辱，這虧吃得也太大了，但一方面不甘心「台灣人被比下去，顯得很弱」，一方面又深知須賀洋介這位師傅的功力高深，不跟在他身邊做永遠學不到眞正的精髓。儘管他會對下屬破口大罵甚至動粗，可是這位師傅不可能改變，想學他的眞功夫只能改變自己，於是還是咬牙忍了下來，再用最快的速度學習。在這樣的決心、毅力與行動下，游育甄在最短的時間內，便跟上了須賀洋介的速度，也爲自己之後的創業，打下紮實的基礎。

因此，吃虧在某種情況下看來，眞的不是什麼「被人家佔便宜」、「自己覺得好委屈」的遭遇而已，而是能夠把自己的潛力發揮到極致，練就一生受用本領的契機。如果能夠在受氣的當下放遠一點，把吃虧當成是「挑戰」，那麼超越挑戰之後，你的本領與眼界，也就隨之邁向了另一個高峰。

如果再怎麼努力也徒勞無功，就接受它吧！

電影《那些年，我們一起追的女孩》中，女主角沈佳宜對柯景騰說的一句台詞，十分引人玩味：「很多事情，本來就是再怎麼努力也徒勞無功的啊！」

的確，在我們的周遭，充斥著許多再怎麼努力，也徒勞無功的事情。有人連續考了五年的公務員或司法檢察官考試都考不上；一直努力在自己的崗位上兢兢業業，卻因爲大財團的購併，在內部組織調整後被裁員離開；有人不斷創業卻屢敗屢戰，到頭來還是過著庸庸碌碌的生活，《商業周刊》或《財訊》上面刊載的那些成功人士，自己怎麼追也追不上；在演藝圈奮鬥了十年的小咖，不管多努力也無法成爲像蔡康永、吳宗憲這樣的一線主持人……。

我自己在寫作、演講和主持這三個領域也奮鬥了十年，深知想要達到像周杰倫、蔡康永那樣的地位，除了非常努力之外，「運氣」實在佔據了極端重要的因素。如果你非常努力，並且聰明地行銷自我，大部分人都能讓自己的成就與名聲超越平均水準之上，但要達到傲視群雄的狀態，眞的就是運氣在後面推了一把。而事實證明，各行各業擁有那樣運氣的人物，眞的少之又少。

這時，很多每天胼手胝足、臥薪嘗膽的人，在心裡一定會發出不平之鳴，覺得自己虧大了，認爲老天對不起自己。

而如果在用盡一切努力、費勁一切心機、採取一些手段扭轉之後，事情依舊沒能往我們希望的方向前進，那麼打從心底接受「很多事情，本來就是再怎麼努力也徒勞無功的」，也許是最好的方法。

⌖試著接受我們無法改變的事情

這又讓我想到，比起再怎麼努力也無法實現自己的目標，讓我們更不能接受、更覺得老天虧欠我們一個公道的，應該是突然而來的病痛了吧？我身邊就曾經有三位這樣的人物。

一位是我當兵時期的同袍小陳。小陳是輔仁大學法律系畢業的高材生，但在快要退伍的前幾個月，有天他突然告訴我，自己的舌頭下面長了一個突起物，上網查過後，覺得不太樂觀，是癌症的機率很高。我當時還安慰他不要想太多，趕快去看醫生，接受專業的檢查和建議，說不定一切都只是杞人憂天罷了。沒想到後來醫生切片診斷後，確定是舌癌，而他在接受化療，與病魔奮戰一年後，還是離開了人世，那年他才二十五歲啊！

另一位是舞蹈界的前輩，也是好友偉淳的碩士班指導教授羅曼菲老師。羅老師一輩子不菸不酒，過著十分健康的生活，卻在四十六歲那年被診斷出肺腺癌，她迅速開刀並化療處理，卻在五年後依然不敵病魔的侵襲，香消玉殞，讓人不勝唏噓。

最近則是我的一位好友醫生大哥，五十歲正值壯年期，也是被診斷出有肺腺癌，目前正與病魔對抗中，但因爲發現得比較晚，而且肺腺癌屬於癌症中最爲棘手的類型，樂觀如他也常頗感無奈，有時候甚至還會跟我抱怨，什麼「好人有好報」之類的話都是騙人的，自己一生不做惡事，爲何還會換來這樣的結果？

上面這三位我所熟悉的師長與朋友，無故遭遇癌症病魔的侵襲，內心的不甘、不理解、覺得老天虧待他們的心情，可想而知會有多強烈！但像疾病這種東西，套句聖嚴法師說的話，眞的只能面對它、接受它、處理它、放下它，因爲它就是再怎麼努力，也非常可能徒勞無功的事情。

如果能夠接受很多的吃虧將無法「挽回」、「重來」與「避免」，那麼我們還能做什麼呢？

先接受吧！

但在接受了之後，到生命終止之前，甚至在結束之後，其實每個人能發揮的，都比自己想像得多。

例如，同樣是罹患過大腸癌，卻從鬼門關前走一遭的許達夫醫師，就將自己親身抵抗直腸癌的經歷，寫成《感謝老天，我得了癌症》一書，分享了自己罹患癌症的原因，包括過勞、不當飲食（吃太多肉卻吃太少菜，少飲水）、個性衝動等。他在最痛苦的時候發下大願，若是成功康復，未來一定終生服務癌症患者，使得自己心情保持正向，並且搭配運動與改善飲食和作息，最後他多活了十多年。而透過書籍的暢銷熱賣，也提醒了更多人注意健康，讓癌症患者增加信心和希望。

這就是在接受了無法改變的事情之後，依然能發揮正向結果的經典案例。

⊕正向面對自己的不足

另一個激勵人心的例子，則有一個更令人心酸和無奈的開始。

澳洲出生的力克．胡哲一出生就沒有四肢，這是一個多麼「吃虧」的人生啊？他一直活到了十六歲之前，都無法走出自卑的陰影，曾經三度嘗試自殺，因爲他總是想著自己擁有一副如此不健全的身體，怎麼可能過和一般人一樣的生活？怎麼可能得到和其他人一樣的幸福？但就在他十六歲的時候第一次和其他人分享自己的心路歷程開始，他發現也許自己的故事，就是最佳的激勵故事，如果他都可以做到某些事，那麼其他「正常人」更沒有道理懷憂喪志，總是尋找自己做不到、完成不了的藉口。於是他開始以激勵達人爲目標，不但出版了暢銷全球的《人生不設限》，更踏遍世界各個角落，用自己的故事來鼓舞陷入低潮、鬱鬱寡歡的人們。像胡哲這樣「被上天虧欠的人」，卻認爲「先天殘缺是一種祝福」，走出自己的一片天，這絕對是「吃虧的力量」的最佳展現。

因此，如果發生在你身上的「吃虧事」，也許看來是再怎麼努力也徒勞無功、做任何事都無法扭轉、不可治癒的殘缺與病痛，那可能只因爲你「努力的方向不對」、「還沒找到扭轉的方法」、「自認殘缺或病痛就不如人或不配幸福」。

事實上，從上面的幾個例子，我們能發現世界上的任何事情，都是可以由我們自己去賦予它正面意義，而就算你自己以爲自己力有未逮，可是當你勇敢、積極並樂觀地去面對，即使失敗了、被病魔吞噬了，這一切不會眞的徒勞無功。我的軍中同袍與羅曼菲老師的故事，不就在我的書中被提起了嗎？不就能藉此激勵與鼓舞更多人嗎？

請相信，再大的吃虧，都能夠產生你原本想像不到的力量，只要你願意。

用「自私」轉化吃虧

我發現，「自私」，也許是面對吃虧時一個很有效的心態。

一般人對於自私的定義，都認爲是「只想到自己，置他人的利益與情緒不顧」。但我認爲，眞正的自私，或者說「成功的自私」，其實還可以從兩個方向來解讀。

首先，爲了能「很自私地」達成自己的目的，必須在一開始的時候，就先將所有人的利益和可能招致的反對都考量進去，然後才能達到自己的最終目的。在政治上的協商尤其是如此。某法案要能通過，在提出之始，就不可能完全只迎合特定黨派或少數團體的利益，否則必定第一關就被擋下來。想要使該法案通過，必須先衡量朝野黨派以及其他團體的利益，找出彼此都能接受的平衡點，或者進行些許讓步後達成共識，才能讓該法案順利過關。

也就是說，爲了很自私地達成一己目的，必須「裝」得很不自私地去照顧到多數人的利益，這樣才是自私的最高境界。

而第二個解讀自私的方式，是將自私提升到思考方式的層面，也就是「自以爲」。世間事不可能樣樣如願，即使現實一再事與願違，我們依舊能在心中採取所謂的「精神勝利法」，並且連帶引發出一連串的行動，使事情往我們想要的方向前進，亦或者即使眼前原本規劃的目標無法實現，最後還是在相近的事情上取得成功。

而用這種自私來轉化吃虧，可以用一個例子來進一步說明。

把吃虧轉換為成功的跳板

我曾經受邀在東吳大學舉辦的TED×DongWuU論壇擔任主講人。在前期準備的時候，負責活動規劃的同學曾向我諮詢一個問題。他的好友A君，目前是學校宿舍的幹部。作爲宿舍的幹部，福利固然是能夠享受免費的住宿，但同時也代表著得負責在宿舍擔任打掃與執勤的業務。平時做這些工作是理所當然，但每當放長假的時候，即便沒有人留在宿舍裡，幹部還是得留守。也就是大家口中的

「倒楣鬼」，因爲沒人想做這份工作。這時，身爲「好人」就吃虧了。學長姐當然會先問好說話的A君能不能留守，而A君也不好意思拒絕，久而久之，這種苦差事，大家第一個就想到A君，他也難以說不，若加以拒絕，反而變成是他「不夠意思」。這種情形到底該怎麼辦呢？

我認爲，像這種情形，其實一開始就不應該答應，但不要用欺騙的方式來推託，這樣不好。所以，乾脆「眞的讓自己很忙」，在當天安排別的活動，便能理所當然的跟負責安排留守業務的學長姐說抱歉。

當你心裡不想做一件事情，尤其那是一件吃虧的事，但卻強迫自己去做，那麼在做的當下，一定心不甘情不願，不僅抱怨連連，還有可能誤事，導致在進行中遭遇更大的災難。又或者它會在你心中留下陰影，也就是負面的情緒，這對於自己的心理健康與未來的人際關係，都是扣分。

如果你無論如何都做不到「自私」，擔心沒有人承接這份工作，學長姐可能挨罵，或必須由他們承擔全部的責任，你於心不忍，決定還是幫忙把這個「虧」硬吞下去的話，除了滿懷抱怨與不滿，其實還可以這麼做：

那就是，將這次盡心付出、承擔責任的經驗，在未來求職、面試時，用來當作你正向積極特質的最佳證明。

當面試官問起，「學生時代讓你最印象深刻的是哪件事？」「公司為什麼要錄取你？」，你可以這麼回答：大學時期擔任宿舍幹部，當大家在長假期間都因為有事、無法留守宿舍的時候，你選擇顧全大局，犧牲玩樂的時間，待在宿舍執勤。即使遇上了颱風天，你不但細心安撫留宿同學，幫他們解決食物和飲水的問題，颱風過後還協助工友清掃落葉斷枝，雖然很辛苦，但卻是難得的經驗。自己面對危機的應變能力、溝通協調能力以及刻苦忍耐的能力，一下子得到飛快的提升，你也相信這樣的能力與態度，一定能幫助你在從事公司交付任務時，使命必達，甚至超乎預期。

這樣的回答，是不是將以前的吃虧，轉化為讓自己獲取更佳機會的助力了呢？主管立刻就能從你的描述中感受到「你是一個勇於承擔責任，又擁有辦事能力的人」，非錄取你不可。別人覺得是吃虧的事情，但你偏要「自以為」是對未來可能的機會，然後有點「不要臉」地記在筆記本裡、再訓練自己把這個經驗用口語表達出來，這樣的人哪會遭遇所謂的吃虧呢？應該只有吃虧後獲得的滿滿收穫吧！

老是吃虧的個性，改得了嗎？

相信很多人都聽過父母師長及前輩曾經這麼說：「改一改吧，你這種性格，以後會吃虧！」

什麼樣的性格容易吃虧呢？

像是動不動就發脾氣、沒禮貌、講話太直白、不懂得說好聽話、不懂得撒無傷大雅的小謊、做事虎頭蛇尾、愛說大話、寬以律己嚴以待人、表裡不一……等等皆是。

或許有人會說：「但這就是我啊！要是把我的這種性格改掉，變得圓滑，那就不是我了，我爲什麼要那麼做？」

我認爲，你的確可以不修正自己的性格，繼續做「原本的你」，但這往往是你還沒有因爲個性中的那個特質而遭遇極大的打擊與挫折，才可能雲淡風輕地說不在乎、覺得無關痛癢，若是你因爲自己到處樹敵、對他人不留情面的個性，在公司或團體中遭致所有人的聯合孤立、打壓，逼得你不得不離開，那時可就後悔莫及了。

把自己當演員，努力演好角色

所謂修改自己的性格，其實並不是改變原本的你，而是讓你更具備在社會上好好生活的態度和能力，避免掉未來可能發生的危機。

而某些人格特質，在團體和社會中，真的顯得比較吃虧。例如，上文中我提到，即使吃了眼前虧，例如幫不想留守的其他宿舍幹部值班，但可以將這個經驗好好記下來，刻意地在未來面試或尋找機會時「大聲說出來」，這會讓許多個性害羞、習慣曖曖內含光的人覺得很不自在，認為自己不該那麼做，怎樣都無法逼自己如此「愛現」。

問題是，現今的社會，已經和以前不一樣了。當大家都有大學學歷、學了不少才藝、有社團特殊經歷、在過去的工作中努力打拼留下戰功，巴不得讓面試主管知道自己「多行」，即使只有八十分卻硬把自己說成九十五或一百分時，如果你不積極、適切、技巧性地表達出自己的經驗和特色，人家爲什麼要雇用你？

於是，別再拘泥於自己過去的「性格」了，爲了拿下你夢寐以求的機會，你必須一咬牙，修正自己不善表達、羞於表現的性格。

這個時候，我有一個相當有效的建議。

如果你眞的覺得修正自己的吃虧性格很困難，覺得這根本就不是你的時候，乾脆接受：

「沒錯，現在這樣的表現不是我，我是一個演員！」

當你把自己看成演員，那麼作爲一位優秀的演員，本來就該在被賦予的角色、劇本的描繪下，表現出該有的樣子。

說也奇怪，這麼一來你就眞的可以「演誰像誰」，在爭取這個難得的機會時，表現出「應該得到這個機會的人」的樣子。

⌖催眠自己，讓想像成真！

再跟大家分享個小秘辛。

許多朋友都對我在一九九七、九八年連續兩年在全國大專演講比賽得冠的事蹟，感到十分震驚。這也是該比賽歷年來唯一一位連續兩年都得到冠軍的人。

但大家不知道的是，其實一九九七年參加比賽的時候，是我人生第一次參加大型演講比賽！如果我抱著「以前沒有參加過大型演講比賽，怎麼可能得名」的事實（想法），那麼勢必會在上臺時結結巴巴、緊張冒汗、不知所云。不過，當時的我，從準備比賽開始就不斷催眠自己：「我是第一名！」就算很難說服自己，我也決定不管怎麼演都要演得像是第一名；也由於過去一個月每天都用「第一名」的姿態在練習，上臺時還眞的呈現出冠軍該有的架勢，最終得到了人生中在演講方面的第一個第一名。

第二年再參加同樣的比賽，事情就簡單多了，因爲我「病入膏肓」地打從心底認定自己是第一名，結果就眞的連莊，拿下了一九九八年的冠軍，創造了前所未有的紀錄。因爲我克服內心「恐懼」、「不安」、「沒經驗會害怕」、「擔心自己準備得不夠好」的個性，才得以迎來這樣的美好結果。

而這種「角色扮演」、在不同時間、地點、情況下做出不同表現的精神，我也拿來用在交女朋友上。大家都知道我在出第一本書的時候，是以「搭訕教主」之姿出道，但教主也是有「嫩咖」的時候，誰能在初次跟陌生人、特別是心儀異性說話而不緊張的呢？

我當然也是緊張得要命。但我以前在認識女生時，都會告訴自己「我是劉德華」，雖然事實上不是，但我「演」得自己像是像劉德華或金城武一樣有魅力的男人，演久了，自己好像也就變成了那樣的人，不少女生接受我的搭訕，答應與我交往，這都是因爲我挑戰自己的性格，或者說接受自身的性格，以「演員」的身分，去爲自己的機會和幸福「演一場好戲」的結果。

因此，當下次在重要時刻時，你要嘛是想起了過去讓你吃虧的性格，得到教訓後做出修正重新表現，要嘛是告訴自己「演一下」，扮演好在當下、在那個身份地位的人該有的樣子，那麼一定能不再吃虧，得到你想要的工作，甚至是朝思暮想異性的青睞。

掌握四個步驟，讓吃虧成「槓桿」

根據我多年實戰與參考他人經驗所得出的結論，在面對生活中大部分的吃虧情況時，可以透過底下四個明確的步驟，來面對吃虧，並採取適當的回應。

1. **「認清」對方與自己的關係，盱衡時勢。**
2. **「預想」被佔便宜的後果，透視表象背後的本質。**
3. **「思考」如何操作、扭轉這個看來像吃虧的機會。**
4. **「宣傳」自己的吃虧，從中獲得巨大的利益。**

首先，要認清你與企圖（或已經）讓你吃虧的人之間是什麼關係。如果毫無利害關係，未來應該也不會有什麼交集，那麼我們也沒有答應讓他（她）佔便宜的道理，這時根本完全可以不理會對方。但基於禮貌，還是要溫和地拒絕對方無理的要求、拒絕「被凹」。口氣要溫和、態度要堅定，這樣即使對方心裡不愉快，也不至於懷恨在心，未來對我們進行報復。

但當對方與我們的關係，容不得我們「選擇」是否要被佔便宜，而是一定要吃這個虧時，也可以訓練自己在腦中「預想」被佔便宜時可能發生的所有後果，藉此判斷自己是否有承擔的能力，以及如何應對。只要評估過後發現是自己可以承受並回應的，就吃下這個虧，然後想盡辦法，全力去扭轉它，使其最終能夠成爲正向的產出。在這個過程裡，還要能適度地「宣傳」這一切，即使無法眞的扭轉乾坤，至少能爲自己的形象加分，甚至獲得巨大利益。

原以為是揚名國際的機會……

讓我用一個發生在自己身上的例子做進一步的解說。

台灣舞蹈王子李偉淳是我的好友，大概在一年多前去上海定居。由於受過我專業的「搭訕」訓練，偉淳非常懂得主動出擊、毛遂自薦，他有很多表演機會與「關係」都是靠主動搭訕來的，甚至還讓自己成爲第一位在上海大劇院專場表演的台灣舞蹈家。套句年輕人的流行用語，眞的是「太威了」！

而關係一多，難免就會發生一些莫名其妙的事。

二〇一五年九月時，偉淳很興奮地告訴我，適逢聯合國七十週年紀念，有很多中國企業家都希望能飛到紐約的聯合國總部表達祝賀之意，也讓中國品牌在國際提升能見度。紐約當地的華人商會代表將協助規劃一個「中國之夜」，只要中國企業家每人贊助一萬五千美金（約合新台幣四十五到五十萬），就能租借聯合國內部的宴會廳舉辦餐會，如果贊助和捐款給聯合國的金額夠多，甚至還能邀請到聯合國秘書長潘基文先生到晚會進行簡短的交流和致詞。

這雖然是「中國企業家」們自發性地組織的「中國之夜」，而台灣已經退出了聯合國，但偉淳作為一位藝術家，當然希望能站上更大的舞臺，向不同的國籍和種族展現其舞蹈藝術之美，這是每一位藝術家的夢想。撇開政治議題不談，一位舞蹈家若是能在聯合國總部做舞蹈演出，絕對可說是藝術生涯的一項創舉，而來自台灣的藝術家能在舞臺上展現他的肢體和編舞理念，更可算是為台灣在國際發聲。

偉淳和我的關係匪淺，情同兄弟，當他知道自己有機會站上聯合國紐約總部的舞臺跳舞，心想現場必定需要一位主持人或司儀，便第一時間向籌劃活動的承辦人推薦我。對方看了我的履歷，發現我精通四國語言，也擔任過許多國際活動的主持工作，甚至還曾站上中國人民大會堂擔任主持人，於是答應讓我成爲聯合國中國之夜的晚會主持人。

其實我剛聽到偉淳向我提議一起去紐約時，心裡是不置可否的，因爲和偉淳相識多年，深知他是一個好人，也是一位有才華的舞蹈家，但無奈名氣不夠，很容易被人「誆」，要嘛是說好邀約他演出，到了最後一刻再告訴他「抱歉我們預算不足只好跟您說抱歉」，要嘛是幫他推動的人「不靠譜」（靠不住），盡說漂亮話，結果某個環節出錯，讓說好的邀約演出最後被迫取消。偉淳自己有好康的，都會同時推薦我，但常常讓我也跟著被「誆」。我雖然信任偉淳，但事情沒有眞的底定，我也不敢抱太大希望，總之就且戰且走，先答應他。

偉淳相當認眞看待此活動，運用自己所有的人脈，開始尋找活動贊助，他曾和知名魔術師劉謙同台，便力邀劉謙一起去表演。因爲打出了劉謙的名號，贊助商的熱情瞬間被點燃，航空公司決定贊助我們一行人赴美的機票。

⌖好不容易來到紐約，竟然被誆了?!

在此同時，我們雖然一直向上海的聯合國慶典組委會詢問紐約行程，對方卻用各種理由推託，到了要出發的前一天仍沒有答案，劉謙團隊深覺不受尊重，決定不去了（大概是經驗老道，嗅出其中的不尋常），但我和偉淳心想已經拿了人家的贊助，不能不去，於是依舊上了飛機，心想到了當地再謀發展。

直到上飛機的前一刻，還是沒有得到上海組委會的回覆，而我這時也知道，這場紐約行，原本幻想有大舞臺演出、一出機場黑頭車接送、下榻五星級飯店的想像，應該是要「夢碎」了吧？

還好偉淳發揮「不要臉」的精神，在飛機起飛前，趕緊留言給幾年前去紐約表演時認識的一位姐姐，結果那位姐姐居然眞的就在我們出關時，在機場迎接我們，還將我們送到了一間還不錯的飯店住下，第一晚就這麼無風無雨地過了。

第二天，我們開始發揮人脈動員的能力，詢問所有管道，想知道聯合國到底有沒有「中國之夜」這個活動，包括打給中國大使館、上聯合國網站，搜索相關新聞等，結果都徒勞無功，中國大使館的態度惡劣得要命，認為一切都是「國家機密」，而且「沒有告訴我們的義務」，其他當地的華人則是對這個活動一問三不知。這時，正常人應該就放棄了吧？

大家千萬不要忘記，我和偉淳都不是正常人，怎麼可能在這個時候放棄呢？我建議偉淳，最好的方法，就是繼續透過任何可能的人脈，包括當地的記者，來找到原本負責中國之夜的人或者是已經抵達當地的企業家，說不定還是能「弄」出一些什麼表演也說不定。

除此之外，聯合國「裡面」的表演如果不可行，聯合國門口表演總行吧？於是我和偉淳找了一個正對著聯合國大門的一個階梯高處，穿好服裝、架好攝影機，照樣開始翩翩起舞，還眞的引來非常多的遊客圍觀，一旁各國大使館的員工和外交人員，也紛紛駐足觀看。許多人更是熱情地在偉淳跳完後，爭相與他合照。以舞蹈做好國民外交的目的，算是達成了一部分。

而在我們鍥而不捨的努力下，當晚終於找到前來紐約參加的中國企業團了，事情的始末輪廓也漸漸清晰。簡單講，紐約這邊的活動承辦人本來想募集到一百位企業家的資金來大撈一票，沒想到企業家們也很精明，不想付這筆費用，只想來參加活動，於是承辦人一氣之下就「擺爛」，而在上海籌組企業家前來參與的主辦人愛面子，不願意承認活動籌備失敗，怕顯得自己無能，只好一直拖延，造成了我們已經抵達紐約，卻沒有舞臺可以表演的窘境。

事情發展成如此局面，我和偉淳依然想著要如何能扭轉乾坤。透過網路得知聯合國將在隔天於中央公園舉辦一場裝置藝術的展演，聯合國秘書長潘基文與許多議員和政要會親自出席，於是我帶著偉淳和被「丟包」的中國企業家們，隔天就這麼直接「殺」到現場了。

我們提早來到現場，勘查地形和局勢，圖謀能否有所發揮。我注意到一位全場飛揚，指揮督導的老外，看起來就像是這場活動的主辦人，便一個箭步上前，向他自我介紹我是來自台灣的主持人，身旁的好友是台灣的知名舞蹈家，不知道他們今天這場活動，有沒有需要表演？這位台灣舞蹈家非常樂意能用肢體藝術表達對聯合國的尊敬，以及祈求世界和平的心願。

承辦人面有難色地回覆說，活動在好幾個月前便規劃完成，要突然插入這樣一場表演，恐怕是不可能的事。我轉念一想，接著問：「那如果是你們原本的行程都走完了以後呢？能否由我上臺，向在場觀眾介紹這位台灣舞蹈家，以及他想呈現的和平之舞，獻給聯合國以及在場的所有朋友呢？」他微笑著說：「那沒問題！」

於是，就這麼成功達成了心願。這真的是堅持到底，絕不放棄之下所「成就」出來的美好結果啊！

⌖冷靜分析，臨機應變

從這件事情，各位應該就可以發現了，本來應該是一件對我們來說十分「吃虧」的事情，套用之前說到的四個步驟，而有了皆大歡喜的結局：

1. **預想可能發生的最壞結果↓被丟包在紐約，什麼都沒有。**
2. **接受差到不能再差的事實↓什麼表演和主持機會，全是騙人的！**
3. **發揮所有的腦力、能力來扭轉乾坤。**
4. **透過照片、臉書和新聞稿和書籍的宣傳，使整件事情往好的方向改變。**

不但展現了我們過人的應變能力，以及獻舞給聯合國外加英語主持的高度，透過宣傳自己的「吃虧」獲得了巨大的利益。

於是，未來在面對任何吃虧的事情，你一定也可以透過這四個步驟，來翻轉局勢。吃虧不再是吃虧，而是吃補與獲利。

有時吃虧的當下要忍耐，以免得不償失

前陣子有則來自智利的報導，引起廣泛的討論。一位中年婦人正修讀社工課程，她乘坐公車要去上課，但公車司機拒絕讓她付學生優惠票，雙方發生口角爭執，司機還拿出手機，打算把爭執過程拍下，但車門突然被打開，導致她從行駛中的公車跌到路上，送醫後不治。種種跡象都顯示，是司機故意打開車門，才釀成這椿慘案。

在這場悲劇中，衝突發生的當下，無論是司機還是婦人，剛開始一定都覺得自己吃虧了。

婦人覺得自己明明具備學生的身份，也許只是忘了帶學生証，或因爲是以社會人士身分選修課程，所以不具備正式的學生證，但仍然應該享有學生票的權利，於是捍衛自己的權益，說什麼都要在當下和司機「爭到底」，否則自己不是吃虧了嗎？

那位司機也覺得自己吃虧了。他當時第一時間說不定想，要是許多成年人、上班族，都用這種方式「逃票」，那麼公司在結算每一趟車程的收入時，一定會指責自己工作不認眞、否則收入怎麼會短少那麼多，說不定還導致自己扣薪和減少休假，那不是虧大了嗎？於是一定要和婦人爭論到底，讓她付出應支付的車資。

學生票價和一般票價差多少錢呢？我猜區區台幣幾十元吧！為此，卻丟了一個人的性命，同時造成另一個人身陷囹圄，誤了終生，這也太不值得了吧？

⌖忍一時之氣，避免帶來更大的虧損

這又讓我回想到小時候發生過的事情。

在民國七十年以前出生的台灣人大概都還記得，小時候有卡紙車票這種東西。票券上細分成二十到三十個小格子，上公車時交給司機，司機會拿出剪票工具剪下一格。問題是，常因爲人多又趕時間，司機無法剪得精準，往往不只剪一格，而是不小心剪了一格半，這就讓下一位司機很困擾，不知道這半格到底能不能算成是一段票？要是有乘客利用這個漏洞，故意說這剩下的格子是上一個司機不小心剪壞的，不應該多剪一格，那司機不是吃虧了嗎？如果眞的是司機誤剪，那乘客不是也吃虧了嗎？

有次母親帶著我和哥哥出去玩，那天氣候十分炎熱，當時的公車也不是每一台都有冷氣，大家難免情緒不佳，我們三人一上車，母親拿出車票，司機看到當場發飆，問說那多出來的半格車票到底是怎麼回事？這樣能算一張票嗎？母親很無辜地回話：「這也不是我弄的啊，是上一位司機沒剪好。」

沒想到司機突然像吃錯藥似的發飆說：「笨死了！」

我媽一聽到司機罵她笨，一時火氣上來，立刻回嘴：「你聰明？你聰明你會來當司機！」

還好當時那位司機還算理性，沒有繼續爭吵下去，否則大家也許就要在新聞上讀到「某司機因爲剪票衝突，打開車門摔死母子三人」的社會新聞了。我當時心裡眞的爲母親捏了一把冷汗，雖然她的確很機智、毫不吃虧地反將了罵她的司機一軍，但這樣的舉動，眞是太危險了。

下一次，如果你也遇到類似的情形，也許是有人多收你車資，也許是有人在高速公路上逼你車、按你喇叭，走在路上車子不讓行人、點餐的時候態度不佳（無論你是顧客還是服務生）、有人罵你「眞笨，連這都不會！」時，想想上面的故事，告訴自己，這一切眞的都是小事，損失的錢也只是小錢，把命留下來最重要，千萬不要逞口舌之快，與對方起衝突，那一點都不値得。

一時言語上的勝利不是眞的勝利，之後爲自己帶來身家性命的威脅，或者對方挾怨引來更大的報復，那才是眞正的吃虧。

忍住吃虧時的不愉快，是爲了避免未來更大的吃虧啊！

吃虧時可以「反應」，但要注意口氣、態度與方式

當我們吃虧的時候，如果感測到會有當下、立即的危險，當然要選擇硬吞下眼前的委屈；但很多時候，你如果不據理力爭，只會讓對方更得寸進尺，甚至明明有錯還不自知，繼續用囂張跋扈的態度來對待其他人。

我認爲，在大部分情況下，都可以用和緩的語氣、堅定的態度來表達自己的意見，如此才不會升高衝突，事情也才能朝理性解決的方向前進。

讓我舉一個負面的例子來說明。

前陣子有一則新聞鬧得沸沸揚揚。根據媒體報導，原本要搭機飛到中國大陸的整形名醫王篤行夫妻，因爲王篤行突然身體不舒服，臨時取消搭機，想到醫院就診，航空公司人員陪同他們離開，但因爲那名員工是新人，還不熟悉環境，不小心帶他們誤闖轉機的管制區，遭到航警攔查。王篤行的妻子趙儒君當場發飆，還怒摔美國護照，囂張行徑被機場工作人員錄下，上傳影音網站。之後被媒體披

露，夫妻倆出面喊冤，當時她是因爲擔心老公的病情，又走不出機場，沒想到航警不幫忙指路，還口氣不好刁難他們，才會當場發飆。

這則新聞一出來，馬上有網友酸趙女士，說她自以爲是美國人了不起嗎？要當美國人就去當，不要還回台灣撈我們的健保費；但也有人表示同情，認爲親屬身體不適，本來就會緊張，如果遇到態度不佳的航警，一時控制不住發飆也是情有可原。

情緒失控，面子裡子盡失

這件事我是這麼看的。首先，站在航警的立場，有負責機場安全的責任，無論來者是因爲什麼理由誤闖禁區，都應該詳加盤查。所以當有人本來就該受檢，卻突然發飆，大聲叱責自己，還丟出「美國護照」，覺得好像「比較偉大」，甚至在臨走前嗆聲要現場工作人員全部「小心點」，那我不做任何的反制，豈不是吃虧了？

用一個比較客觀的角度來看，身爲執法人員，何不多點同理心？即使是誤闖禁區，看到家屬旁邊有一個生病的人，應該和顏悅色地告訴他們：「根據規定，請拿出護照讓我們檢查一下，我們儘快確認身分無誤後，就讓你們離開就醫。」若是如此表達關心，家屬又怎麼會生氣呢？

而站在趙女士的立場，先生身體不適必須立刻就醫，結果退關時在一旁隨行的航空公司人員帶錯路，多在機場繞了半小時都走不出去，心急如焚，這時還要被航警人員用冷漠的口氣喝令「拿出護照盤查」，難免怒火攻心，一個不小心出言不遜，沒想到居然還有工作人員在一旁拿出手機錄下全程，搞得自己隔天得出面向媒體解釋、先生好不容易營造出來的整型名醫形象大受打擊、還得遭受網民的撻伐，眞是虧大了！

這就是在吃虧的當下，因爲無法控制自己的情緒，反而釀成日後更大問題的最佳例證。

如果你下次也遇到類似像趙女士的情形，不管是親人或自己不舒服要退關卻誤走禁區、還是老婆急著要生產卻遇到警察攔車臨檢、必須趕上某班車赴約否則將產生嚴重後果……，記得口氣一定要溫和，態度更是要堅定，告訴執法人員或站務人員：「請您趕快檢查後讓我過去，因爲……」，相信大部分的人應該都能理解，並且盡最大的能力協助你。絕對不要在口氣上如「潑婦罵街」般大聲斥喝，甚至在用詞上想要「高人一等」，否則即使大部分人都同情你的理由，骨子裡也會對你十分反感，也會因爲你的態度，希望你「受懲罰」。

若你確定自己態度非常良好，但對方卻囂張跋扈，還想利用公眾的力量，逼你低聲下氣地認錯，那麼也千萬不要只是忍氣吞聲，而是要確實把對方當下的話語和口氣及動作「用力演出來」，讓原景重現、眞相還原。

總之，大部分人與人之間的爭執，其實都是可以加以避免的，而如果實在無法避免，那麼在發生之後，你的處置方式，則能夠讓傷害降到最低，我們先求風平浪靜，不得已時再力挽狂瀾。相信我，只要你依據上面的操作準則，事情必定不會發展到不可收拾的局面，形象與聲譽也絕對能獲得保護和回復。

學習阿德勒心理學與神經語言學的觀念和技巧

有些讀者或許會發現，我到目前爲止所有面對吃虧的心態與技巧，似乎都有來自阿德勒心理學和NLP（Neuro Linguistic Programing，神經語言學）的影子。

一點也沒錯！阿德勒心理學對NLP理論有著極大的影響，阿德勒心理學的幾個重點思維，特別是能運用來面對吃虧和被佔便宜狀況的幾個重點，整理如下：

1. 一切取決於自己
2. 接受眞正的自己
3. 否定認同的需求
4. 性格能在瞬間被改變
5. 對他人有貢獻是讓自己幸福的唯一方法
6. 不必背負著他人的課題
7. 隨時擁有被討厭的勇氣

目前為止我舉過的每一個例子，都可以看到相互呼應的地方。

不被情勢所困，找出翻轉關鍵

簡而言之，當我們吃虧的時候，要相信目前看來是吃虧的事情，可以由我們自己決定它是吃虧亦或是能變成正向的收穫，只要不把它看作是吃虧，再善用察言觀色、明察秋毫的能力，必定能找出其中的機會以及致勝關鍵，扭轉乾坤。

如果我們骨子裡是一個與人為善、不好意思拒絕別人請求的人，那麼就接受自己的性格，在被別人佔便宜時不要老覺得不開心、認為自己吃虧了，而是坦然接受它，然後找出可以施力的槓桿，讓那件吃虧的事情，最終能為我們做出積極的貢獻。

所謂的認同感，是不假外求的，許多人吃下眼前虧，就是因為迫切地想要得到他人的認同，才會不好意思拒絕、怕會傷害到別人的心情。

問題是，你如此替人家著想，他們有替你著想過嗎？如果眞的有，就不該在一開始的時候，提出那種讓你吃虧和佔你便宜的要求。不再將「認同自己」的工作交付在他人身上，將使自己減少吃虧的機會。

只要有心，就能改變

即便自己擁有許多被認爲是「會吃虧的性格」，其實所謂的性格，只要下定決心、轉換思考方式進而採取行動，立刻就能改變。記得自己在高三以前，拿筷子的手勢極端醜陋，整個手掌像夾子一樣握住筷子，根本無法順利夾起東西，但以前別人怎麼說我，我都聳聳肩無所謂。直到某次在好友小胖家吃完晚飯後和他媽媽聊天，小胖媽媽說：「匡宇，你未來不是想從政、擔任高級文官嗎？（我高中時的確有這個想法，沒辦法，人都有年輕、想要改變世界的時期嘛）但你如果持續用這種方式握筷子，未來有一天當上教育部長或外交部長，國宴時繼續用這種方式拿筷子，豈不是貽笑大方？」就是因爲聽到小胖媽媽那句話，再加上我想要「成爲部長」的慾望非常強烈，於是當晚就用正確的姿勢，夾了一百顆綠豆，從左邊的碗放到右邊的碗，從此我拿筷子的方式，便改成了標準的姿勢。

誰說吃虧的性格或行爲，無法在一天、甚至瞬間改變呢？只要有心，任何時候、任何性格都能改。

而吃虧這件事情，若能妥善地應對，將能成爲自身最好的經驗，再透過口頭分享、寫作或演講等方式，將正面的影響力帶給其他人。這種貢獻，是讓自己開心最好的一種方式。

我有許多演講邀約，來自台灣的偏鄉，或者是離臺北甚遠的高雄、屏東等地，邀請方給的講師費和車馬費微薄，再加上來回交通所須的時間很長，怎麼看都是一件讓我很「吃虧」的事情。但我總會在演講結束之後，突然收到聽眾捎來的信息，說他們幾個月前，甚至幾年前聽了我的演講，與自己心儀的異性結婚了、找到自己人生的方向了、外語能力更好了、成功創業而且賺到錢了……這都讓我倍感喜悅，高興的程度，遠遠超越其他財力雄厚的邀請單位給予我的演講費用。這種對人有貢獻所帶來的喜悅，眞的是無價而幸福的。

別怕被討厭

如果我們拒絕吃虧，或者因爲力有未逮、時間精力不允許而拒絕別人，常會出現的矛盾心理是：「對方是否會因此受傷？」「我這樣拒絕他（她）是不是太殘忍了？」「我這樣只想到自己是不是太自私了？」問題是，我們清楚知道，硬接下這份工作、呑下這個虧損，會讓我們的心情大受影響、非常不開心、滿是抱怨，事情做不好帶來更大的災難……，於是只好拒絕，但又對於可能帶給他人的傷害於心不忍。

可是，人生在世，哪可能萬事順遂？受挫折、被拒絕的心理調適，是「他們的人生功課」，是他們自己應該要好好訓練的能力。什麼都替別人過度著想、擔心別人受傷害，等於是剝奪了他們自我成長的權利，對他們的人生發展，毫無助益。因此，我們永遠不必負擔他人的課題，那是每個人必須面對的人生功課。

而眞的實行以上七點的人，註定會遭人討厭。應該說，當我們想要活出自由的人生、過快樂的生活，甚至想要在某個領域做出成績、擁有貢獻，是一定會「受人討厭」的，尤其是本來佔你便宜的人，發現你善用「吃虧的力量」，比原本過得更好、更強大，只會更討厭你。於是，每個人都應該具備被討厭的勇氣，畢竟我們的人生是自己的，不是別人的，由不得他人爲我們做決定。

當我們將這幾個重點融入生活，在思想與行動上融會貫通以後，人生中便再也沒有「吃虧」這檔事，只有所謂的事件、處理、扭轉，以及最後的正向產出。吃虧的強大力量，將在這樣的過程中得以彰顯。

當我們都認識吃虧、瞭解吃虧，也知道如何運用吃虧後，在下個篇章中，就讓我們運用吃虧的力量，來一一檢視發生在生活週遭的苦惱與問題，並且找出面對與解決的方法吧！

Part Two

愛情&家庭

買單的技巧──約會一定要請女生吃飯嗎？

由於我過去出版過幾本關於兩性關係的書籍，在追求與交往等領域多所著墨，很多單身未婚的男女，特別是男性朋友，喜歡問我一些兩性問題，而其中最困擾他們的，就是在約會吃飯時到底應不應該請客，這問題讓他們感到非常棘手。他們害怕幫女人付帳，怎知不會被當凱子，肉包子打狗有去無回，成了提款機？又害怕如果不付錢，女人會覺得他小氣，原本存在的一些好感，瞬間蕩然無存，之後就「謝謝再聯絡」了，這讓許多人覺得兩難，深怕付錢吃虧，不付錢也吃虧。

在我結婚前遇到的女性，包括我現在的太太，很幸運地，幾乎都會跟我採取「我買晚餐，她付電影票」的方式來約會，再不然也是這次我請，下次她搶著付錢，又或者我請吃飯，她買飯後的飲料和調酒，再不然我付金額比較大的部分，她負責比較小筆的開銷，這些方式讓人覺得挺舒服自在，是我最喜歡的模式。

要是我遇到有女孩在我付錢的時候，絲毫沒有表達感謝，反而擺出一付「理所當然，你本來就該請我」的樣子時，畢竟現在的我財務狀況還不錯，約會地點如果又是我自己選擇的，我還是眉頭不皺，直接去結帳。但很抱歉，我和她的約會，這大概就是最後一次了。

可是，我要和大家講一種特例。某些女孩因爲受到家庭教育，再加上自己本身觀念的影響，她們和普通朋友出去時，一律各付各的；但當她和自己有興趣交往，或者覺得有發展可能的男生出去時，會故意讓對方付錢——講明白一點，正因爲她喜歡你，才願意讓你請她，否則絕對保持距離，相敬如賓，不想對你有所虧欠，當然也盡可能不讓你多做聯想。

真心或拜金？直接揭曉答案

那麼，遇到這種女生的時候，該怎麼辦呢？你怎麼知道自己目前約會的她，是像上述的這種女孩一樣已經在心中默許你一個特殊的地位？還是純粹把你當做「糧食供應商」，等你耐不住性子告白破局後，再換下一位供應商呢？

我的方法是：吃完飯，就牽手吧！

這是一個最好、也最直接可以知道女生對你有沒有好感的方式。當然，你不必急著在第一次約會吃飯完就牽。但如果你是學生，或者是剛出社會的青年，肯定沒有太多的約會基金讓你揮霍。這時，早點試著牽對方的手，看她的反應，盡早知道自己還有沒有希望，而不是一顆心一直懸在那裡，卻不知道自己有沒有被對方擺進想選擇的籃子裡頭。

你一定還想問：「這樣不會嚇到女生嗎？」、「說不定她本來對我還有些好感，這樣太快牽她手，會不會造成反效果啊？」

別再問我這種問題了。要是金城武突然牽她手，她會嚇到嗎？不會嘛！所以說，只要男生夠優秀、夠風趣、夠資格也夠能力挑起女生的興趣，女孩子會很願意和男生多接近，而牽手則是一個交換彼此感覺的好開始。

至於會不會打草驚蛇，嚇退原本對你有興趣的女生？我必須說，當然有可能，不過機率實在太低！如果是在二十年前的台灣，那麼女生覺得你太莽撞而心生嫌隙，的確不無可能。但同樣的，只要你條件夠好，那年頭的女孩還是可以接受你的「莽撞」，在心中幫你解釋爲這是「老實人」不知道如何表達的一種「眞情流露」。

以有好感為前提

問題是，現在的台灣社會，已經跟過去有很大的不同了。你喜歡的那些女孩，說不定從國中，甚至國小就開始交男朋友了。你都二、三十歲的人了，連牽個手都怕這怕那、畏畏縮縮，這說得過去嗎？

女孩的心思很複雜，光是靠聊天的愉快程度，有時候連我也無法準確地判斷她是否視我爲可以發展的對象。於是，我就用最簡單、最直接的方法，來測試她對我的好感度——直接把手牽下去。這也是爲了節省自己荷包的一種方法。不過還是要再次提醒一下，「牽下去」的前提，要有非常愉快的對談、對方因爲你的幽默舉動笑個不停、深情款款或露出崇拜眼神地望著你、與你主動打鬧撒嬌……等做基礎，否則對方不斷試圖跟你保持距離，兩人聊天毫無爆點與笑點、對方吃完飯就想回家你還硬是拖延不讓人家走，還偏要「牽下去」，那麼被對方甩開手，甚至是甩巴掌，都是有可能的。

我認爲，惟有對方喜歡上你，也成爲你的女朋友之後，才會眞心地替你著想、幫你省錢、減輕你的財務負擔，因爲彼此有更美好的夢想要一起實踐，本來就不該花太多錢在吃豪華大餐上。而牽手，就是測試彼此是否有發展可能性的第一步。

「請吃飯可以，我們牽手吧！」把這十字箴言當作座右銘，並且切實去實踐它。這樣說不定你只要吃一次飯，就能交到女朋友也說不定。就算牽不到手，至少你有了一場非常愉快的約會經驗，對方即使未來不是你的女朋友，這美好的回憶，對你來說也不算吃虧，因爲你同時累積了經驗值，將大幅提高你在下一次約會時吸引對方的能力。

金錢觀——對方經濟狀況不好，應該資助嗎？

我曾經遇過讀者來信提問，說女朋友經濟狀況不是很好，應該給她生活費、幫助她嗎？

我的答案是：「千萬不要！」

這麼說，絕對不是因爲我小氣、沒男子氣概、不想「負責任」，而正因爲我是一個非常有責任感的人，所以才呼籲大家別負「不該負的責任」。

你該負責任的對象，是你的妻子。不是你妻子的人，別想太多。

有太多的例子顯示，男女之間除了感情，若有太多金錢上的牽扯不清，當兩人要分開時，被迫分開的那一方，因爲投注過多的感情與金錢，越容易放不下，覺得自己「人財兩失」，報復的心理陡然而生，於是潑硫酸、情殺事件都是有可能的。爲了避免雙方走到這一步，一開始的時候，情侶之間就不應該有金錢上的往來。

尤其現在人心險惡，有些壞人接近對方的目的，看上的就是錢，簡直和詐騙集團沒什麼兩樣，當對方把你的錢榨乾之後，拍拍屁股一走了之，你也莫可奈何。這時才想起我的提醒，只會覺得後悔莫及。如果對方眞心喜歡你，爲你省錢都來不及了，怎麼會只想從你那裡挖錢呢？

別給錢，要給方法

而你若是眞的想要改善女朋友的生活，不妨從底下幾個方式著手：

1. **介紹她閱讀理財相關的書籍雜誌，培養正確金錢觀以及產業認知度。**

在此特別提醒，在閱讀這些書籍與雜誌時，最好抱著批判與懷疑的精神來閱讀，不要將裡頭的人物和資訊，當作是聖經內容般的極度權威，不可挑戰。

以《富爸爸，窮爸爸》一書爲例，裡面關於「受薪階級一定要想辦法增加自己的被動收入」這個觀念絕對沒錯，但投資房地產的方式，也許在某些地區、當年那個時空可行，現在早已沒有那個機會了，特別是「鼓勵每位讀者都開公司當老闆，把所有的費用都掛在公司的支出底下」的本意固然良善，問題是大部分的人，並不具備領導管理、銷售推廣與帶入收益的能力，這種人一旦開了公司，光是稅金與健保費用等就已經讓他不堪負荷，足以成為壓垮其財務的最後一根稻草。閱讀和吸收知識當然重要，但能夠分辨哪些適合自己更加重要。

2. **參加由公、民營機構舉辦的理財知識講座，把閱讀吸取到的知識，跟臺上老師做驗證和請教，做出最適合自己的行動準則。**

為何自行判斷如此重要呢？這是因為，很多理財暢銷書的作者，其實自己的投資理財結束都是失敗、不賺錢的，最賺錢的是靠開辦「教人如何理財」的課程來盈利。

尤其要小心的是當他們具備高人氣之後，變身成為某種投資工具例如黃金、白銀、海外房地產的「代言人」，讓粉絲們大舉買進包裝後的投資商品，光靠收廠商回饋的手續費與介紹費便賺得荷包滿滿，但該商品遇到景氣翻轉，投資人血本無歸時，他又兩手一攤，擺出莫可奈何、事不關己的樣子，甚至逃之夭夭，那麼把他的話當作聖旨的你就倒霉了。一定要張大眼睛，慎選諮詢的對象。

3. **協助對方從事能夠結合興趣、能力與熱情的事業或副業。**

如果是連你自己也很有興趣的事業，一起跳下去做也無妨。但你如果興趣不大，也可以當作她的參謀，提供一些實際經營上的協助。互動越多，越能夠瞭解彼此，這是磨合彼此個性與判斷價值觀是否契合的最佳方式。這比你只是盲目地把錢給她去操作，要好上太多太多了。

比起直接拿魚給對方吃，倒不如教他怎麼釣魚；給女朋友錢，還不如讓她具備理財、生財的能力。照這樣的邏輯與方式，如果成功將她培養成理財與生財高手，未來繼續在一起，你也是獲利最高的既得利益者；如果她離開你，因爲你並沒有實質金錢上的付出，並不是「被掠奪」而是「發展人」，內心的不滿也不會過於強烈。而且相信我，如果你是這樣的人，沒有女人會想離開你的，就算離開你，也可以不斷吸引到下一位和你兩情相悅的對象。

此邏輯與方法，男女對調，其正向的結果也會是一樣的。能夠協助「發展」別人的人，永遠不會吃虧。

送禮的學問——逢年過節，禮物不可少？

台灣男人眞的蠻可憐，有一大堆節日得過，最慘的是西洋情人節得過，中國的情人節七夕也要過，若是再加上女朋友生日、聖誕節、交往紀念日……，口袋不夠深的男人還眞吃不消啊！

特別是情人節，眞是一個讓男人既期待又怕受傷害的日子。禮物送得好，她有可能陪你進套房，禮物送得糟，關係可能就此玩完。這眞是每個男人都該嚴肅面對的課題！我認爲，情人節送禮有以下注意事項，大家一定要牢記，免得讓原本是美意的送禮之舉，成了一個最大的吃虧。

送禮前想仔細，免得吃力不討好

1. **先確認你和她的關係。**

很多男生對情人節送禮有著錯誤的認知與期待。首先，既然叫做情人節的禮物，就表示「你已經和她是情人了」。如果不是情人，或者並不確定對方對你有興趣，送一些「精心設計」的禮物，例如什麼名牌戒指、首飾、一千顆手折愛心，只會把對方嚇跑，讓你的眞心被丟到地上踩。

當然，有很多人就是因爲不確定自己和對方的關係，於是想用情人節的禮物來「試探一下彼此進展到什麼地步」。如果是這種情形，那麼也要注意，挑選的禮物一定要遵守「平價」、「用心」和「精緻」的原則，這樣既不會給對方太大的壓力，也能順利包裝和表達你的眞心。總之千萬不要把送禮當成是一種告白的手段，以爲這樣對方就會從原本不喜歡變成喜歡，那是做夢！

2. **如果關係已經確立，那麼最棒的禮物就是出其不意。**

人是喜歡驚喜的動物，特別是女人，如果能夠投其所好，在和女朋友的聊天與互動中，窺探得知她的興趣與喜好的事物，以及最重視的東西，那麼即使不是什麼貴重的禮物，也會讓她忍不住想對你報以深情的一吻。依我的看法，女生大致可以分成以下四大派：

如果你的女朋友屬於「務實派」，譬如說，聽到她剛買車，但車上沒有配備

GPS，便可以選一台適合的行車導航送給她。

面對「浪漫派」的女朋友，則請你務必精心規劃一條完美的「約會路線」，把旅遊、用餐、送禮串成一氣呵成的套裝行程。在說出動人情話的同時，送上一個你上次和她逛街，她試了又試但卻狠不下心來購買的墜子或指環。

「心靈派」的女孩重視心靈交流，要的是「你最懂她」的那種感覺，送什麼禮物反而不是那麼重要。只要能像她肚中的蛔蟲一樣，在她快餓扁的時候送上一個雞排，或者生理期身體微恙時遞上一碗你親自熬煮的雞湯，就能讓她感動萬分。

至於「虛榮派」的女生，很抱歉，身爲男人你自己選擇走上了一條勞民傷財的不歸路，要是這次送她的是高價手機，下次就得送上名牌包包，再下次她期待的應該就是鑽戒珠寶……。她要的驚喜，不只是用「心」堆出來的，還是用「銀子」砸出來的，永無止境，若是沒有一定的事前認知，最好不要輕易嘗試。

3. **甜言蜜語，永遠是最美麗的包裝紙**。

送禮的時候，如果能夠搭配適當的甜言蜜語，便可以把八十分的禮物，以一百分的態勢呈現出來。大家若曾去日本旅遊或收過日本人送的伴手禮點心，先不論點心本身的味道如何，外表美輪美奐的包裝紙與紙盒，卻有鬼斧神工的效果，讓食物感覺起來美味至極、令人垂涎欲滴，也讓收禮的人倍感尊榮。在送情人節禮物的時候也是一樣，如果能把自創或者學來的甜言蜜語加以改良，變成是屬於你和她的專屬紀念話語，絕對能達到意想不到的最佳效果。例如送禮時你可以這麼說：

例句①：「上次一起逛街時，我看妳很喜歡這個髮飾，試了好幾次但又捨不得買。我現在把它送給妳，因爲它非妳莫屬，正像我們屬於彼此一樣。」

例句②：「妳曾提過妳很崇拜亞都麗緻飯店的嚴長壽總裁，還去聽他演講。我後來也抽空去聽了一場他的演講，題目是『做自己與別人生命中的天使』，並且在會後請他在書上簽名。這本有他簽名的書就送給妳。因爲對我而言，妳就是我生命中的天使。」

例句③：「從我們在一起的那天起，我就不停的想，情人節該送妳什麼禮物。送貴重的禮物顯得俗氣、我又沒那個藝術天分能自己手工製作禮物、買一個妳不喜歡或不需要的禮物又怕妳嫌我浪費。後來我想到了！妳一向喜歡旅遊，我們把時間安排一下，一起去國外好好放鬆幾天吧！這將是永遠屬於我們兩個人的永恆回憶。」

但是，在送禮物的時候千萬記得不可這麼說：

錯誤示範①：「這是我請女同事陪我一起挑的喔！」→錯在提到其他女性，引起不必要猜忌。

錯誤示範②：「聽妳唸了好幾次說想要這個牌子的包包，這次就買給妳吧，以後別再碎碎念囉！」→竟然說是因爲怕麻煩不想聽女友嘮叨，眞是罪該萬死。

錯誤示範③：「這可花了我一個月的薪水耶！」→送個禮不乾不脆，顯得自己摳門又小氣。

錯誤示範④：「上次看到妳的好姐妹買了這款，就覺得妳應該也會喜歡吧？」→自以爲是，不該挑起女生愛比較與嫉妒的心理。

錯誤示範五：「上次看綜藝節目，聽說小S的老公在追她的時候也送過這個禮物，我想妳那麼喜歡小S，應該也會喜歡這個禮物吧！」→白目，只會直接模仿名人的例子，根本沒有心嘛。

4. **這次禮物送得好與不好，不必太放在心上。**

送禮之後，很多人在意的是，對方到底喜不喜歡這個禮物？我有沒有達到原本希望達到的目的？禮送得好能上天堂，送不好很有可能賠了夫人又折兵。

但我其實最想告訴大家的是，禮物這種東西，既然是「送出去的」，而且收的人等於是「從別人那兒得來」，接受者在心態上都應該偏向於感謝，而非不滿與挑剔。只要你眞的遵循上述的原則，先確定關係，懂得察言觀色，再搭配適當的甜言蜜語，應該都能抓緊她的心，讓心愛的她更離不開你。

如果你眞的用心準備了禮物，可是對方不但不感謝，還嫌東嫌西，甚至是分手消失，你也不必太難過，畢竟那表示你們的個性和觀念有極大的不同，這種價值觀上的基本衝突，早點爆發出來，對彼此都是一件好事。這次禮物送得不好，你要嘛是學習反省，下次送禮時做得更好，要嘛是彼此發現價值觀差異太大直接分手，都是一次更深入認識自己的機會。

⊕對方的心意，才是最好的禮物

眞心愛你也適合你的人，是不會爲了一個禮物而離開你的，只會把它當成是一個更瞭解彼此，也讓彼此關係往更好的方向推進的契機。

愛，永遠是一個兩人不斷努力的過程，該珍惜得來不易的緣分，把節日和送禮當成是提醒兩人珍惜彼此的手段，而不要被計較和批評傷害了這得天獨厚的幸福。若是能這樣想，那麼不管你送出的禮物是什麼、對方的反應是怎樣，都不存在吃不吃虧的問題了。

婚前吵翻天——聘金、嫁妝讓兩家人鬧不合？

前陣子有個新聞，引起大家廣泛的討論。某位網友分享朋友娶媳婦遇到的問題。女方的家長要求聘金兩百萬，自己提供的嫁妝卻是零，女生很爲難，但又不好忤逆父母的意思，只好對男生說「父母養我一輩子，難道我不值兩百萬？」只不過，男女雙方都住在台北，男生月薪近四萬，女生月薪近三萬，男生存款不夠回家求助，結果在繼續深談的過程中，才知道女方家長除了聘金兩百萬以外，其餘宴客拍照等費用也要求由男方支出，總計四百萬元。最後，男方家中不願拿錢出來，女方父母也拒絕妥協，因此婚沒結成。

看到這則新聞後，許多網友矛頭幾乎都指向女方的父母親，認爲他們死要錢，把女兒的嫁娶當作買賣，害得女兒無法嫁人，是這樁婚事告吹的始作俑者。

的確，女方父母要求如此高額的聘金，實在非常不合理。但我們不妨把這則新聞當做是一個討論的契機，大家認爲結婚時，男方是否該出聘金，女方是否該給嫁妝？給聘金或給嫁妝，是不是一件很吃虧的事情呢？

我認爲，根據台灣人的傳統，且大部分的人都無法跳脫文化思維的窠臼，聘金這個東西，站在男方的立場，是應該要給的。只是給的金額，最主要還是要考量男方的財力。今天如果男方是郭台銘之流的成功企業家，那麼不要說四百萬了，四千萬他都出得起，也願意出。問題是對於目前大部分的台灣男人來說，四百萬的聘金，根本是個天文數字。而女方家長這樣的要求，難免給人家「賣女兒」、要佔男方家便宜的不良觀感。

以我自己當年結婚爲例，岳父母雖然也是傳統的人，但在聘金這件事上的要求合情合理，眞正要給他們的小聘是十二萬元，大聘則是一張不必兌現、做個樣子的三十萬元面額支票，而且婚禮的桌數是各自請客各自收禮，完全沒有佔便宜的意思，特別是在我的女兒出生時，還直接給了我們十二萬元祝賀金，眞要算起來，等於當初收的小聘，又退回給我。

也就是因爲這個原因，我和岳家的關係非常好，當然，這和我們沒有住在同一個屋簷下減少了摩擦發生，再加上我和妻子每週都回岳家與他們團聚，有極大的關係。

不過，我的例子算是非常幸運的。如果當你在向自己的女朋友提親時，被女方家長要求高額聘金，而且婚禮費用全部是你出，但嫁妝卻是零的時候，怎麼辦呢？

這時，問題就得由你深愛的那位女孩來負責解決了。她有這個責任來說服她的父母，不應該提出如此無理的要求，若是父母無法被說服的話，她也可以和你遠走高飛，過起兩人的幸福生活。因爲一段美好的婚姻，與聘金根本毫無關係，也不必因爲它，而破壞了彼此原本的緣分。

這就好像當婆媳之間發生誤會和爭執時，身爲男人的你，有責任來當和事佬，說彼此的好話，或者根本就該想方設法地讓這兩個女人「很自然地」減少彼此接觸的機會以免滋生事端一樣，是你本來就該做的事情。你不做，就只能看著自己的婚姻關係每況愈下，衝突不斷，終至走上破碎一途。

但如果女方無法說服自己的父母不收聘金，也覺得自己不可能放下與父母的關係跟你遠走高飛，那麼就放棄這段姻緣吧。這是因爲，從在「婚前協商」的這段過程中，就可以看出來你們兩家之間的認知、財力、價值觀有著極大差距，在這種情形下，硬是要結合在一起，也註定未來會是一場悲劇。

聘金和嫁妝原本的目的，從來就不是讓彼此覺得「吃虧」，而是讓姻緣得以順利圓滿，向女方的家長表示孝心，也讓女方帶著自己父母的祝福來到男方家。「惡意地」濫用這項傳統，只會導致更多的不幸。如果你很倒霉地遇到有那種過分要求的女方家長，就壯士斷腕地勇敢向這段關係說掰掰吧。好的姻緣，是不該如此崎嶇難行的，未來一定還會有那位眞正值得的她付出，在某個地方等著與你相遇。

財務管理——另一半想創業，無條件支持？

在婚姻關係中，若是遇到另一半想要創業，我們是否該無條件支持呢？

讓我用一封讀者來信，作爲討論這個問題的引子：

您好，匡宇老師，我從很早以前就是您的忠實讀者。因爲看了您的書，不僅學習到了一些新知識，也順利找到了自己現在的另一半，眞是銘感五內。

有個問題存在我心中很久——如果夫妻兩者的金錢觀不同要怎麼辦呢？我本身是醫療業，月入大概十五萬左右，老婆在精品業，月入大概在四萬左右。由於我們薪水差距那麼多，所以生活開銷全讓我來出，她賺的錢就讓她自己去存。我們這個家庭一個月開銷大概八萬多，老婆喜歡出國，所以我會安排一年至少一次國外旅行，每次大約二十萬上下。

結婚後有時太太跟我說她沒安全感，所以我又陸續給了她約一百萬左右的錢，但雖然我賺得多，壓力相對也比較大，很怕自己如果沒工作了，或者想休息一段時間的話，她養得起這個家嗎？所以我決定明年自己創業。沒想到她也跟我說她想創業，最近還跑去學韓服批發，然後下個月要跟她老師去韓國批衣服，每個人要負擔老師一萬三千元的學費。我是覺得她只去一次怎麼可能學得會？偏偏我明年要創業，現在希望能存多少錢就存多少錢，可是她覺得開一間服飾店是她的夢想，希望我支持她，爲此大吵了好幾次，我非常不願她去，但她一哭我心裡軟化就答應了，可是心裡依舊非常不舒服，請問我該如何是好呢？

理性思考，冷靜判斷

看了這封信，相信大家都同意，這位老公人眞好，老婆想創業，就支持她創業，雖然是「被淚水逼的」，但從結果論來看，依舊是一位支持太太的好老公。但要我說心裡話，其實我並不希望大家無條件支持另一半的任何決定。若是老婆想創業，應該要根據你過去對她的觀察，評估她有沒有創業家的成功特質。

以來信中的夫妻爲例，老婆雖然想要在開設服飾店，但她過去是否有銷售的經驗？對於成本和支出是否有概念？對於美學與搭配是否有一定的sense？如果根據老公的觀察，一樣都沒有，那和一個大學生隨隨便便說他畢業後想開餐廳或咖啡廳，是一樣的道理，都是隨口講講，極容易導致失敗收場。而這個失敗收場，說不定還會連帶導致夫妻關係失和呢！

另外，從這位讀者的來信中，我們知道他陸陸續續給了老婆一百萬，而這一百萬，他的太太是存起來準備當作開店和進貨的成本，還是全部花掉去買名牌包自己爽？從這些地方，都能看出太太到底是隨口說說，抑或是玩眞的。

如果發現太太都把錢存下來，平時搭配頗有時尚感，積極四處走訪尋找合適店鋪，學習成本會計強化自身能力，大量閱讀書籍培養行銷觀念，現在只差一位好的老師帶她入門的話，那麼這區區的一萬三的學費，就花下去也是無妨的。投資自己向一位優秀的老師學習技術和知識，絕對不會是一種浪費。

但如果另一半完全沒有展現出任何創業家的特質與精神，連積極學習的態度都沒有，那麼千萬不要無條件支持老婆的創業決定。同樣的情形，男女調換亦然。如果身爲男人不懂得抵抗，就只能在每一場意見交換中被吃得死死的，唯有把情緒拋開，懂得偶爾狠心，才能避免因爲心軟或怕麻煩而聽信另一半的說服，損失辛辛苦苦累積的財富。

爲孩子好？虛榮心？——孩子念私立學校比較好？

孩子在進入學齡階段，特別是進小學前，爲人父母的就開始煩惱了，到底應該讓孩子進入公立小學就讀，還是進入私立小學就讀呢？現代父母最擔心的，就是自己的孩子「輸在起跑點上」，未來的人生會吃虧，所以送孩子唸公立學校還是私立學校，便成了必須反覆思索的棘手問題。

公立小學學費較低廉，能接觸到來自不同背景家庭的學童，尤其目前台灣整體素質提升，任何一家公立小學都在水準之上；而私立小學沒話說，孩子能得到比較好的個別照顧，依據不同學校的教育理念和規劃，獲得不同的適性發展，探索自己在外語、科普生活等領域的潛能。

問題是，公立小學一、二年級只有一天讀全天，其餘皆半天，三、四年級是週三及週五讀半天，其餘全天，五、六年級只有週三讀半天，其餘全天。對於必須在外工作養家活口的雙薪家庭來說，眞的是一大負擔，還得額外請家人照顧或幫孩子另覓安親班，特別是孩子來自不同家庭，班級人數較多可能導致老師管理不易，衍生出霸凌問題；私立小學看似有接近能全天照顧孩子以及提供個別輔導的優點，卻也容易造成孩子互相比較物質環境的心態，從自己穿戴的東西、到父母開的車、從事的工作……等，無一不比。無論讓小孩念公立還是私立，都是一件讓人煩惱的事情。

釐清理想與現實

面對這個問題，我認爲可以從底下兩個核心的思考方向，來釐清眞正的重點，也幫助父母做出最後的決定。

1. 你和另一半的財力如何？想要給孩子怎樣的環境與價值觀？

如果不夠有錢，卻硬要讓孩子念私立小學，眞的是一件很吃力的事情，原本家庭還能維持一定的生活品質，每年可以全家出遊個幾次，卻因爲想讓孩子念私立學校，這些娛樂得全部犧牲。某些父母心裡想的，也許是「自己小時候沒有，所以希望能給孩子最好的」，甚至覺得「私立學校孩子的父母非富即貴，能先爲自己孩子打下未來的良好人脈」。我只能說，會這麼幻想的父母，眞的是想太多也太天眞了。

當你想要給孩子「最好的」，卻沒有同時讓他們知道這些「最好的」東西，是父母如何胼手胝足打拼出來的時候，他們只會拿得心安理得、用得理所當然。與其在小時候給他們「最好的」，還不如讓他們覺得在成長的過程中，因爲自己的表現，父母給他們的東西「越來越好」，激發他們向上的鬥志和勇氣。

至於以爲念私立小學能藉此建立父母自己以及孩子未來的人脈，那更是天方夜譚。我的好朋友F先生告訴我，他小時候念的是台北市知名的私立小學，同學家長都是社會名流，結果孩子也很自然地會分成不同族群，有錢人家的孩子容易玩在一起，政治世家的孩子走得較近，容易被孤立的，就是那些父母辛苦經營早餐店或洗車場，含辛茹苦懷抱希望將子女送進所謂貴族學校的孩子。

也就是說，父母的價值觀、思維方式與行動方法，會自然傳遞給自己的下一代，而孩子在學校交的朋友，也通常是和他們比較接近的人。硬是把孩子送去一個不屬於他們思考與行爲模式的地方，他們反而根本交不到眞正的朋友，還可能必須承受周遭人的異樣眼光。

於是，與其去幻想孩子能藉由同儕人脈一步登天，還不如讓他們扎實地學習課業，再利用課餘時間，讓孩子學會那些你希望他們發展出來的才能，譬如外語、金錢、科學方面的知識。比起這些東西，更重要的是孩子的自我認識、品格與價值觀，而家庭能帶給孩子的影響，又比學校更大。無論公立還是私立學校，都只是輔助這些基本思維與德性的工具而已。認爲自己沒把孩子照顧好，學校就能幫忙照顧好，這本身就是一種痴心妄想。

2. 孩子適合念私立還是公立學校？出發點是爲了孩子好，還是爲你自己好？

當父母決定孩子念學校或公立學校的出發點，不是以孩子自身爲考量，而是以父母自己爲考量時，往往會衍生出更多的問題。如果你只是爲了方便有人幫你帶小孩，或虛榮地覺得孩子去上貴族學校，自己好像也跟著「高檔」起來，但卻沒有考慮到孩子是否適合上這所學校時，其引發的負面後座力將超乎你的想像。

你的孩子可能不差，問題是進到私立小學，其他父母的孩子，從更小的時候就花大錢培養了他們在英語、數學、自然等學科上的能力，導致你的孩子在學習上嚴重落後，再優秀的老師也無能爲力，這時孩子跟不上進度，覺得自己不如人，將嚴重打擊他繼續學習的興趣。一個孩子在學習這件事情上得不到自信，很可能就透過其他方式例如搗蛋、欺負人來引起師長和父母的注意了。在這種情形底下，送他去私立學校，不僅不是幫他，還是害了他。

尤其，每所學校的教育宗旨和課程設計都不同。要把孩子送去之前，一定要親自到學校做深入的瞭解，確定和孩子的發展能交互配合、相得益彰後，再決定是否進入這所私立學校就讀。總之，在考量的時候，腦中想的必須是孩子，而不是自己。

⌖回歸到孩子本身，而非滿足你的期望

我認爲，唸私立或公立，從來不是重點。最大的重點是在於父母希望能和孩子建立怎樣的關係、願意花費多少精力來發展孩子的天賦興趣。而最重要的是，絕不要抱持著等孩子未來成才後一定會回報你的妄想。

當你在教育這件事情上，想的是讓孩子更好，而不是你自己更好，更不是「你自認爲會對孩子好」時，一切發展自然就容易往正確的道路上前進，他們和你自己的人生，也就沒有所謂的「吃虧」這檔事，而是滿滿的愉快與幸福了。

好聚好散「金」難——給贍養費，被剝了一層皮？

有結婚，就有可能會離婚，而離婚可不像男女朋友分手般那麼簡單，既然是法律「公證」後的關係，那麼要分離的時候，就會遭遇到法律上的限制和拘束。對於很多男人來說，在離婚時被對方要求贍養費時，眞心覺得自己十分「吃虧」，所以往往付得心不甘情不願。而隨著社會兩性越來越趨於平等，女性的工作機會增多，現在有許多的女性收入比起自己的先生要高得多，在離婚的時候，反而被男方要求要給予贍養費。給贍養費，眞的是一件很「吃虧」的事嗎？

我反而認爲，離婚時支付贍養費，並不是一件吃虧的事情，而是去盡你作爲一位丈夫、妻子，或者是父親與母親該盡的責任。再拉遠一點來看，即使這場婚姻讓你後悔莫及，那麼在終止這段關係時，爲自己當初所做下「識人不明」這個決策負責，也是天經地義的事情。贍養費，便是盡這個責任與承擔結果的一種在金錢上的延伸方式。

以下引述郭莉芳記者採訪蔡惠子律師後發表在《智富月刊》上的文章，整理出七個重點，協助大家釐清對於贍養費的一些認知：

1. **因離婚而陷入生活困難的一方才有要求贍養費的資格。**
2. **誰該支付贍養費，可以採協議方式。**
3. **法院對於因離婚而生活陷入困難的認定很嚴格。**
4. **贍養費金額依當地公告的平均消費性支出為準。**
5. **中途停止支付離婚贍養費，另一方可以請法院強制執行。**
6. **取得監護權的一方，有權要求小孩教養費。**
7. **夫妻負擔教養費用比例依雙方薪資水準而定。**

放開手，反而得到更多

簡單說，贍養費的原意並不是「懲罰」婚姻關係中比較有錢的一方，而是希望在離開這段關係之後經濟上處於弱勢的一方，生活不至於立刻陷入困難。現在的台灣社會，還是有許多女人為了丈夫和孩子，結婚後待在家中從事家管工作，較無立即在社會上工作賺取所得的能力，而且多年婚姻生活中做出的犧牲，理應在結束婚姻關係後得到一些生活上的保障。同時，贍養費的金額，也不是由對方漫天喊價，必須符合所在地的平均消費水平爲依據，再參考支付方的所得爲參考，更何況支付出去的贍養費中，有一部分可能是當做孩子的教養費用，支付這樣的金額，可說是合情合理、理所當然，沒有什麼好覺得吃虧的。

尤其當你透過離婚，可以離開一段拖累自己情緒與工作的關係，然後集中所有時間精力，來經營自己的事業，賺錢相對來說便不是那麼困難，很快就能累積一定的財富，那時必須付出的贍養費，不過是九牛一毛，完全在你負擔得起的範圍內；如果爲了躲避支付贍養費，行蹤飄忽、居無定所，反而拖延了你賺錢的大好時機。因此，如果支付贍養費就能順利離婚，那還是盡量痛快迅速地支付這筆能讓你脫離苦海、邁向新局的費用吧。

同時，離婚往往反而是刺激一個人開創新事業的最佳助力。根據上海社會科學院調查顯示，在中國大陸，四分之一的創業女性都離婚或曾離婚。而台灣也有一家「對生活有限公司」，負責人楊宸敏本來是全職家庭主婦，幾年前離婚後努力爲自己而活，原本只是對美食有興趣，偶然接觸到以花蓮白色大理石製作的石頭紙、環保材質的餐墊，便決定開設文創公司，推出相關文創產品，受到不少消費者喜愛，並已進軍百貨通路設櫃，成爲全台第一個專賣環保石頭紙的商店。

因此，無論男女，如果離婚已經是不得不的選擇，就大方地支付贍養費，然後開始新的生活吧。那往往不是吃虧，因爲自由之後獲得的，比你失去的要多太多了！

Part Three

工作&職場

實習，就是給企業當免費的勞工？

教育部曾經舉辦擴大部務會報，邀請擔任過亞都麗緻飯店總裁、暢銷書《總裁獅子心》的作者嚴長壽先生演講，主題爲「我的台灣想像」。嚴長壽表示，他觀察媒體報導「企業界找不到人」，但網友回應卻多是抱怨，「薪水只給兩、三萬，期待我做什麼？」，而且現在的年輕人缺乏使命感。嚴長壽自陳，他的公益平台文化基金會有不少年輕人自願當基金會無薪志工，「能夠做了三到六個月仍有耐心、熱忱，就是終身可以雇用的年輕人。」嚴長壽還認爲，年輕人工作態度不積極與台灣教育內容與理念有關，因爲只教學生考試，不以其他方式評量學生，學生讀書就好，不必學做人，這是不對的。

對於嚴長壽的演講內容，網友的回應以批評爲多。「一堆資方壓榨、物資飛漲、嚴長壽你還敢出來作秀」、「去他那邊當無薪工他最爽」、「要人家當義工，說白了就是企業貪免錢的，他們眞無恥。」雖然很多網友批評嚴先生的說法，認爲他分明就是在幫那些壓榨勞工、喜歡用「免費」的企業主說話。但其實我自己也跟嚴先生有一樣的看法，大學剛畢業、找不到工作的新鮮人，可以先從無給薪的工作開始做起。

⌖充實工作能力，眼光要放遠

請先別急著批評我怎麼可以這樣說。大家一定要先理解，企業家或者公司的思考邏輯。

基本上，企業的成立，目的就是要盈利，就連所謂的社會企業也一樣，沒有足夠的營收，哪裡能發放給員工的薪水，並且繳交國庫稅金呢？任何企業的領導人，每天睜開眼，想的就是所有可能的開支，包括水電、設備、店租、進貨倉儲成本、員工薪資等，當他雇用一位月薪三萬元的員工，代表著這位員工必須能夠製造六萬元的產值，否則該企業肯定是賠錢的。可想而知，如果不是政府規定有最低薪資限制，企業其實根本不想多付員工一毛錢的，除非該員工能「爲公司賺到錢」。

在這樣的思考邏輯下，企業當然對於聘用新人，不得不趨於保守嚴苛，尤其是在目前經濟狀況不甚景氣之時。要是人事成本過於龐大，企業很快就撐不下去，最終只能面臨倒閉，員工即使勉強在一開始進得去，也很快得被迫離開，另謀生路。

於是，對於一位從學校出來的畢業生，一開始根本就不該期待企業把自己當作是「人才」來看待，因爲你還沒有展現出一個人才所具備的能力啊！

我的建議是，從在學校的期間開始，就要利用課餘或寒暑假的時間去打工，或者加入企業實習生計劃，讓你在畢業之前，便已經累積了在企業工作或協助業務推動的經驗。無論你在哪個部門，不要只是傻傻地做，讓自己成爲一台機器裡的小齒輪，而是在扮演好小齒輪的同時，也常常試圖站在制高點上，來分析評估該單位和該公司目前所遭遇到的問題、優勢劣勢及未來發展。這樣的人，可能實習工作一結束，便立刻被拔擢爲正式員工，或能獲得單位主管強而有力的推薦信，幫助你找到另一家公司的開放職缺。即使得自己一家一家地投遞履歷，但在前面那家公司實習所取得的經驗、知識與成效，都會是謀求新職時的最佳履歷。

⌖蹲得越低，跳得越高

讓我舉一個例子來輔助說明。

我的朋友瑪利亞畢業於紐約大學MBA，找到的第一份工作，就是在人人稱羨的投資業界龍頭高盛集團工作。高盛稱得上是厲害的公司吧？但如果你知道她每天工作的內容，就只是幫上司印文件、整理報表、提供資料，一定會大歎：「這不是一位高中畢業的女孩來做便綽綽有餘的事情嗎？何必要一個高學歷的碩士來做呢？她不會覺得很委屈嗎？」

問題是，只要問問每位頂著高學歷進入大公司的人就會發現，他們剛開始的時候所做的事情，眞的就跟倒茶水和打掃的工讀生差不多，不過就是送送文件、印印資料、打理好老闆的行程。

因爲，沒有經歷過這段歷程，公司無從判定你的能力。光是把資料影印好這件事，便看出一位新人是否足夠用心、他的工作態度如何。大家應該知道，在影印文件的時候，如果是一本厚重的卷宗放在影印機上，一定要費勁把它壓平，印出來的資料才會好看；要是沒有壓平，在兩頁的中間，就會出現一道黑色的陰影，破壞整張畫面的和諧度與美觀度。從這樣一個小地方，就是上司判斷下屬「是否認眞做事」的指標。同時，在金融業，每天輸入的報表數據，有一點錯都是至關重大的失誤，因此在打字輸入時得格外小心，再三校對，這又是一個主管用來評定下屬能力的指標。金融業界普遍的認知是，連這種小細節都不注意的人，根本沒有資格獲得晉升與機會。

理解了這一點後，就開始勇敢地去嘗試一些「基層」、「好像沒有成就感」、甚至是沒有薪水的工作吧！在我看來，一個眞正有能力的人，必定能把這些小事做好，並且在做的過程中，會找出更有效率、更加精準的做法，提升工作的品質和績效，同時常常跟著主管「偷學」，看看他們是怎麼運籌帷幄、向上管理、面對危機、溝通協調，再想著自己如果是主管或老闆，能如何善加應變，提升單位效能。

當你是用這樣的心態和作法在企業工作，一定能練出一身本領，創造他人無法忽視的實績。這時回頭看看當年被當小咖、無給職的實習工作，你將發現那完全不是吃虧，而是登高望遠的墊腳石。

總之，眞正的人才，是不可能被埋沒的。就算在這個組織被埋沒，過去所累積的實力，一定能讓自己被外界看見，以重金挖角，或者找到機會，建立自己的事業！

換宿，到底是吃虧還是賺到？

最近，隨著度假打工的風潮興起，有一種新型態的「換宿」也逐漸流行起來。所謂的換宿，是由民宿的老闆提供房間，讓想來當地旅遊的青年，以在民宿工作來換取住宿的一種機制，時間可以是一個星期，也可以是一個月甚至更久，依照提供住宿與尋求住宿者彼此間的合意而定。

這樣的機制本身立意十分良善，屬分享經濟的一種延伸。但寄宿者與民宿老闆之間的爭端也時有所聞。主要的爭議點常在於，民宿老闆覺得自己所託非人。好心提供房間給前來以工作換取住宿的青年，但對方卻總是在「打混摸魚」，常常在需要的時候找不到人，被賦予的打掃與清理房間等工作，也總是只做「半套」。而尋求換宿的青年也有話說，認爲某些惡質的老闆眞的是黑心商人，擺明了就是壓榨勞工，不僅工時嚴重超時，還讓換宿者住在環境糟糕的房間，說好的「提供三餐」也變成需要自己付費購買。

看起來，民宿老闆和寄宿打工的青年，彼此都覺得自己吃虧了。

⌖明訂契約，勞資雙方都有保障

面對這種換宿所引發的紛爭，最好的作法，其實是在一開始的時候，先做好調查的功課，並且詳訂一份清楚載明彼此權利義務的契約書。

說到做好調查的功課，現在網路如此發達，幾乎你想要的資訊，都能在上面找到。一位想要換宿的青年，可以先在網上搜尋該民宿主人的評價，或者像是背包客棧這樣的網站，提出自己的問題，看看是否能找到曾經在該民宿工作過的前輩，聽取他們的意見，再決定是否前往換宿。

即使找不到有該民宿換宿經驗的前輩，也可以抱著「姑且一試」的心情，直接聯絡該民宿的主人。但這時，訂立一個詳細載明彼此權利義務的合約，便顯得至關重要了。唯有詳細載明彼此的權利義務，才能減少日後的紛爭，眞的發生什麼事情，也才能於法有據，選擇退出或要求賠償。

對民宿老闆來說，做好調查與訂定合約同樣重要。

在決定是否要錄用一位尋求換宿的青年時，可以先依據其個人履歷，判斷其是否是一個吃苦耐勞、認眞負責又言而有信的人，最好還能從他（她）的社群網站，看看是其否樂觀積極、思想正向，而非充滿憤怒，尖酸刻薄。若是表現出來的感覺充斥著負面思考，或者沉溺玩樂、養尊處優，那就要好好評估是否要接受。畢竟見微知著，平時過那種生活的人，怎麼可能好好工作，幫你打理好環境呢？輕易地給了機會，說不定到時候不僅幫不上忙，還得照顧他們、收爛攤子，反而忙得人仰馬翻。

簽訂合約更是一件必要的事情，而且一定要留下彼此的身份證影本與簽名蓋章，方能確保合約的效力。許多人一面臨簽約，都會覺得「不好意思」，問題是這個「不好意思」，往往會是害死你的致命要因。我常覺得，合約反而是保障彼此最好的憑證，千萬不要因爲「不好意思」而在日後陷自己於絕境。

我的一位好朋友是知名的潛水教練。他有次和我分享，有一位潛水界的教練前輩，就是因爲在擔任指導者的時候，沒有和學員簽約，或者簽署的合約對自己保障不夠，到了某個海域時，明明耳提面命要求學員不可「越界」，卻有人不聽指示，趁不注意的時候游離眾人所在的區域，集合的時候失去他的蹤影。之後該教練友人花費畢生積蓄雇傭船隻，尋找那位學員的下落，在確定其死亡後，又面臨家屬的巨額賠償要求，一生陷在還債的陰影中。因此，簽訂一個規範清楚的合約，不是要恐嚇彼此，其實是在保障彼此啊。

若不得已吃了虧，想辦法扭轉結果

但有時候人算不如天算，即使你都做到了事前調查與合約簽訂，依然會「遇人不淑」，因爲有人就是會將自己的惡意或本性隱藏得很好，擺明就是要「吃人夠夠」。這時，吞下眼前的小虧，也許便是不得不的決定。但無論你是換宿青年還是民宿老闆，都可以用我在本書觀念篇所提到的「宣傳吃虧」法，來扳回一城，擴大自身吃虧後的效益。

例如，你身爲一個換宿青年，卻被「笑裡藏刀」的民宿老闆誆騙，明明一開始說好只要負責打掃和清理房間，卻被老闆要求幫忙一起進行民宿整修的工程，還得搬運磚頭和油漆牆壁。在吃了這樣的虧之後，你可以將心得和經驗整理成一篇文章，發表在網路上，說不定能獲得廣大迴響，成爲這個問題的先驅者、專家，甚至未來有機會出書分享你在各地換宿打工的獨特經驗。

而如果你是被「表裡不一」的換宿青年矇騙的民宿老闆，看他在面試時裝得勤勤懇懇，實際上打混摸魚無所不用其極，要求他幫客人準備早餐，他卻拿過期食品害客人拉肚子，導致你的民宿在網上收到惡評。這時，你也可以將這樣的經歷一五一十地公布在網路討論區，盡量少一些言辭尖銳的批評，多一些自己的大度和委屈，難保你不會「因禍得福」，讓大多數的網友同情你的遭遇，反而爭相走告，爲民宿做最好的宣傳，帶來大量而穩定的遊客，這就是一種「因禍得福」。

因此，吃虧眞的不會只是吃虧，只要你後續的「宣傳」得宜，它說不定能成爲一種最好的獲利呢！

上司壓榨、爭功諉過，我應該繼續忍耐嗎？

作爲一位職場人，最感無奈也最不希望遇到的，就是受到上司的壓榨，甚至善於爭功諉過。

只不過，我認爲所謂的壓榨，是非常正常的一件事，又或者應該說，也許你誤以爲他在壓榨你，但其實那是因爲他想培養你、訓練你、逼出你的極限，測試你的實力，未來才能對你委以重任。

說到上司的壓榨，常見的情形是你認爲原本應該屬於上司的業務，他卻交辦給你，造成你的工時過長；亦或是一項極爲艱難的任務，上司自己無法勝任，於是要求你在短時間內辦妥，好幫助他順利推動業務的進行。

問題是，在公司之中，哪有什麼「你認爲」應該是上司的業務呢？上司叫你做的事，就是你該做的事。如果認爲上司交辦的事情得花費自己過多心力，說不定得犧牲下班時間，那麼就訓練自己做好時間管理，或者提升工作能力，這兩項能力，都能讓你的工時縮短，在下班之前完成使命。

至於上司要求你要練就一項他自己不會、你也不具備的專業技術，那更是要謝天謝地。因爲這等於是公司付你薪水，去培養一項未來「永遠屬於你自己的能力」。這項專業技術與能力，短期看來是幫公司獲利、替上司解危，但不可否認的，這也是別人無法從你身上偷走的實力。具備這樣的實力，拓展了自己的未來可能性，何樂而不爲呢？

因此，下次當上司在指派任何任務的時候，請記得舉手爭取，當作是練功的最佳機會就對了！

功勞被搶走？

但問題在於職場上的眞實情況往往是，上司帶領著團隊一起向前衝，或者明明是由你不眠不休、出生入死才獲得的成就，他卻在提案或成果發表的公開場合上，輕描淡寫、不留痕跡地將功勞全攬到自己身上。這時，氣得牙癢癢的你，又能怎麼辦？

我認爲，不要去想該怎麼辦。因爲，當你事事計較自己的功勞都被上司搶走的時候，反而會成爲你未來工作的絆腳石。因爲你隨時都會想：我這麼認眞幹嘛？反正最後功勞都是主管的！於是你開始漫不經心、打混摸魚，但說巧不巧，當你一旦這麼做，厄運便伴隨而來。你的粗心大意或犯錯失誤，就會一而再再而三地被「抓包」，造成上司和同事對你的不信任，漸漸地整個公司都沒有你的立足之地，只能捲鋪蓋走人。

而且，根據我在職場調查的結果與經驗，大老闆怎麼可能不知道你那位上司善於爭功諉過的手段？一個企劃或業務績效的完成，絕非憑藉一己之力就能達成，尤其越高層的人，眞正實際執行的部分少，初期擘劃與監督指導的成分居多，最上面的大老闆雖然嘴巴上不說，也知道一定是你們一整個小組的功勞，而不是那位喜歡邀功的上司獨力完成，因爲他把你們全體當作是一個團隊來看待，所以才沒有特別點出你的貢獻。尤其是，如果那位上司的搶功手段過於頻繁而粗糙，只會引起大老闆的反感，造成他自身的適任危機。

因此，堅持做好你分內的工作，並且確定你在臨時被大老闆叫去開會或抽問時，對於整體計劃有著通盤瞭解，在細項上也能分析透徹，甚至能提出一針見血、提升效能的建議，那麼你的「曖曖內含光」是怎麼也藏不住的，一有任何人事的變動，更上級的主管第一個就想到你，機會也將留給你。千萬不要在還沒有任何顯著的成就、自己在整個組織裡頭的地位不夠穩固時，就去向那位喜歡搶功勞的上司「要名分」、爭薪水，那麼壯志未酬身先死的，可能就是你。

我的建議是，如果在一個組織努力了兩年後，依舊覺得自己被上司壓榨、功勞總是被搶走，那麼就離開這間公司吧！這代表著你的興趣和天賦可能不在這項工作，否則怎會被壓榨了半天，還沒被壓榨出令人驚艷的本領，開始獨霸一方呢？而那位爭功諉過的上司，兩年來都沒有被大老闆看破手腳，繼續被委以重任，也代表了經營團隊的平庸無能、識人不明，怎麼看都不像是一間能夠在業界引領風騷的企業。這個時候，跳槽轉職，絕對是比較明快也正確的做法。

個性內向，註定沒前途？

在生活、職場與情感上，個性內向的人的確比外向的人少了許多機會。不過，很多時候，這也許只是一味崇尚活潑開朗、積極主動的社會主流氛圍所導致的錯覺。內向和沉默者並沒有大家想像中的那麼弱勢、永無出頭的一天。

我曾經看過兩本書，分別是美國人力開發專家珍妮芙．凱威樂（Jennifer B. Kahnweiler）的《幹掉獅群的小綿羊：內向工作人的沉靜競爭力》以及蘇珊．坎恩（Susan Cain）的《安靜，就是力量：內向者如何發揮積極的力量！》。這兩位作者都試圖透過大量的實例，來分析內向者可以如何利用天生特質在職場取得優勢，而其發展與成就，比我們一般所認定的，要高出許多。

⊕懂得善用內向特質，是成功的關鍵

其實，內向者有許多特質都能夠幫助你在工作上更容易達到成功結果，以下歸納幾點跟大家分享：

1. **善於傾聽**。

內向者往往是很好的聽眾。外向型的領導者與員工，常常容易以自己的想法爲主，試圖用盡各種方法說服他人接受自己的論點，但在溝通的過程中，反而蒙蔽了自己的眼睛耳朵，以至於忽略背後的眞相以及對方的眞實想法。如此一來，將導致更多的誤會，並且造成核心問題被忽略。內向者因爲懂得傾聽，反而能感同身受，設身處地站在不同立場來宏觀全局，找出問題的核心，加以解決。

2. **思慮周全**。

外向者也缺乏了內向者的一個重要特質，那便是三思而後行。因爲他們過於想要與人分享自己的想法與聽到的消息，這在蒐集情報、商業談判乃至於許多社交場合，都是大忌。比如說，你很難想像一個新聞工作者在取得獨家消息的時候，因爲口風不緊而走漏風聲，會爲自己的報社或新聞台帶來多麼負面的結果。

反觀內向者習慣在通盤思考後發言、採取行動，不但能增加事業推動的成功率，也較容易說服主管和同事，自然較能獲得原本預期的結果。

內向者通常不容易犯下心急口快的錯誤，並且擅長以文字來溝通達意。我與歐美人士進行商務洽談時，發現他們更傾向於使用電子郵件而非電話，不僅是因爲亞洲與歐洲有時差方面的因素，更因爲他們認爲在信件中較能完整清楚表達意思，不易造成誤會，而且也比較正式。內向者安定與深思熟慮的力量，特別容易在這部分得到發揮。

3. 懂得與自己對話。

內向者比起外向者更能忍受孤獨，並且懂得善用獨處的時間，來整理規劃出未來事業的方向。現代人身處在一個資訊爆炸、訊息快速流通的時代，看似情報取得快速，另一方面代表的也是容易失去聚焦、隨波逐流，置身於大量使自己分心的突發事件與網路訊息中，不知所措。內向者因爲個性使然，比較能夠處於和自己深層對話的狀態，隔絕外界雜音，做出最清明的判斷。

以內向性格著稱的金融投資家巴菲特，即使面對電腦和網路時代的興起，依然沒有貿然躁進地投資他不熟悉的新興產業，反而在網路泡沫與金融危機中，全身而退，這都是因爲他不輕易隨著外界的訊息起舞，才能在喧囂與混沌中，堅守自己「價值投資」的理念。

4. **個性沉穩。**

在遭遇突發狀況時，內向者較能保持鎮定，不會在慌亂中忙於做出容易讓自己後悔的決定。外向者在發生狀況當下，通常傾向於找人詢問，但反而會在太多的聲音與建議中，不知所措，更加猶豫慌亂。內向者則習慣於冷靜觀察局勢後，與自己對話，做出決定後堅守立場，幫助自己迅速突破難關。

⌖適時發聲，幫助組織走向正確方向

由此可見，內向者比起外向者，並沒有任何遜色的地方。即便話不多、聲音小，不代表在重要的時候就無法發揮才能。我的建議是，在許多關鍵時刻，內向者必須要「刻意」地展現出性格中優異的特質，例如鎮定、深思熟慮與態度堅定，並適當地強迫自己「發聲」，讓別人看到聽到。因爲依照外向者的做事習慣，總會勤於表現，若你受限於個性而不出聲，讓外向者率先拿走注意力與決定權，但卻把整體決策帶向萬劫不復的方向，這對於組織是極度危險的。

沒有任何一種性格是完美的，但若是能及早誠實地面對自己，強化自己性格中的優勢，補強或避開自己性格中的弱勢，一定也能像世界上其他成功的內向者們一樣，活出精彩的人生。

客戶一定是對的？

在過去，產業界，特別是服務產業，主流的思想氛圍總是標榜「顧客永遠是對的」。但，眞的是如此嗎？

我認爲，那可不一定。

首先，蘋果電腦的創辦人賈伯斯，就是「打臉」這項說法的最佳代言人。在賈伯斯的經驗和認知中，覺得消費者往往並不清楚自己要的是什麼，他們是需要被教育和被引領的一群，而產品的提供者，有義務也該有這個能力，去提供消費者更好的產品，讓他們知道什麼才是眞正好的、符合他們的需求並解決他們問題的產品。因爲消費者容易被大環境的氛圍所影響，接受事情「本來就是這樣」、或「只能是這樣」而已。因此，服務的提供者，有這個責任與義務，更應該培養相關能力，去引領消費者的想像，創造出他們的需求。

同時，根據《南瓜計畫》這本書的作者麥克．米卡洛維茲所揭櫫的，如果你把客戶意見當聖旨、想要討他們的歡心，這終究是錯誤的幻想，也只會將自己搞得精疲力竭，收入與付出不成正比。

別浪費心力在錯誤對象上

我們每個人的時間與精力有限，必須將焦點放在理想的目標客層上，面對那些在產品服務及價值觀層面上認知迥然不同的顧客，若你竭盡心力去周旋，只是浪費時間，不僅買賣不成，還會招致抱怨。

顧客不會永遠是對的，只有「對的」顧客才會是對的。先選對了客戶，再集中火力去服務那些重要的客戶，才是業者應該專注的目標。

另外還有一項重點，因爲「錯的」顧客非常有可能爲了自身的利益，去傷害其他顧客的利益，並挑戰業者要提供給大多數客戶良好服務的底線。這時，你必須看清這個事實——這世界上存在著錯的、不講理的顧客，得要盡速且委婉地解決這個問題，未來才得以繼續提供優質服務。

老爺酒店總經理沈方正先生發表過一篇文章，文中提到他曾遇過一位房客，在走進電梯的時候，主動跟周遭人說自己「剛被醫生確診爲SARS患者」，這當然引起了客人們的一陣騷動，紛紛要求退房退費。在飯店主管向那位顧客確認後，才知道他是爲了想在用餐時盡量少一些人打擾，好輕鬆自在地享受飯店的美食與周遭的風景，才故意編造這個謊言來嚇跑其他人。沈總經理的處置，當然是將眞相告訴其他住客，並禮貌委婉地請那位騙人的顧客盡速搬離。

這印證了我上述所說的「顧客不會永遠都是對的，還可能錯得離譜」的有力證據。

有位朋友Ben目前在某大學的華語教學中心擔任主管，他也曾經遇到過類似的問題。某次Ben接待來自海外某地區的遊學團成員，其領隊老師非常「難搞」，明明事前約定好的時間與車次，卻常常神來一筆臨時改變，這讓承辦人員與隨行的工讀生忙得人仰馬翻，也連帶了影響了華語中心其他人力的配置安排。最誇張的是某次課程結束後的結業式，那位老師居然因爲自己行程另有安排，硬是要求全體學員必須等她回來再繼續進行結業式，結果一行人就這麼等她等了一個多小時，好像只有她的時間才是時間，所有人都應該等她。活動結束之後，那位老師和其所屬的團體，就成了那間華語中心的拒絕往來戶，畢竟如果接了這位客戶，錢沒賺到多少，卻得喪失接待其他團體的機會，也損失更多的人力、精力以及財力，得不償失。

因此，如果把「客戶永遠是對的」當作是金科玉律，對於服務或產品的提供商來說，絕對是最大的吃虧，而且那些虧損還很難挽回。不如在一開始的時候，就吸取上述前輩以及經驗豐富者分享的智慧，讓他們所吃過的虧，轉化爲我們自身的力量，這也是教育和書籍能夠發揮的價值與功效啊！

沒錢的工作千萬別做？

近年來，全台灣的年輕人，都籠罩在22K的陰影底下，雖然有人批評這是「假議題」，實際上台灣的起薪沒有那麼低，但就算給你26K、28K，面對高物價和高房價，大部分年輕人依然生活困窘。

處在這樣一個進退維谷的局面，不工作完全沒有錢，就算有工作也只能領那杯水車薪，尸位素餐的人佔著工作機會、穩若泰山動都不動，你完全沒有晉升的機會，這是許多人最大的感嘆，彷彿怎麼樣都看不到未來。感覺上，現在的年輕人，比起三、四十年前，適逢台灣經濟起飛，只要認眞工作就遍地是黃金的父執輩，雖然物質環境的起點好得多，但比起在職場上的機會，實在是太吃虧了。

這時，一些比較義憤塡膺的人，就會鼓吹「沒錢的事，別幹！」這種觀點，認爲老人欺負年輕人、大企業壓榨勞工，最好的反擊就是不要去做！但我卻有不同的看法。

也許有人會覺得我現在能在幾個不同的知名網站上面開設專欄，好像「很威」，但其實各位知道嗎？我根本一毛錢都沒拿！那些知名網站的作者，都是像我一樣，受邀將自己部落格的文章，或者之前的創作，授權給他們刊登。雖然那些知名網站每天都有好幾十萬、百萬人次的瀏覽量，但對於我們這些作者，只能增加人氣，但實際的收入是「零」。

不過，也正是因爲那些網站的傳播力，我的文章，在一年多前被某時尚雜誌的總編看到了，他十分喜歡，於是邀請我成爲他們線上內容的專欄作家，每兩到三天發表一篇跟時事或演藝圈有關的兩性評論。但請先別爲我高興的太早，這依然是無酬的。

⊕換個角度看，吃虧變機會

如果依照許多年輕人現在的邏輯，「沒錢，就別幹」，不管是什麼單位，管你們做得再好、再厲害，我都不應該配合，因爲沒能帶給我實質的收入。

但事情不該是這樣看的。

在我的認知裡，這些網站的負責人本來都不認識我，也不知道我的文章能不能受到既有讀者的歡迎，甚至進一步開發新讀者。既然不知道我的「效果」如何，爲什麼要先付我錢？

等我真的成爲一個「咖」、吸引到更多讀者、擴大了影響力，若是我離開了，網站流量馬上少個一、兩成，到時他們爲了留住我，自然就會付費了。拿錢，不必急於一時，等人家不能沒有你時，自然會用高薪留住你。

這樣的個人經驗，完全與《盯住棉花糖》作者喬辛．迪．波沙達所提倡的觀點不謀而合。

急著拿到眼前的利益，不僅容易將格局做小，還有可能導致「別人根本不給你棉花糖」的困境；緊盯著最大棉花糖，付出所有的努力，都是爲了能實現終極的目標，於是能在艱難的時候做出堅定的抉擇、失敗的時候奮力再起、跳脫固有的舒適圈、發揮正面的影響力。

不管是在職場還是人生中，堅持並實踐這樣的準則，才有可能走得更久、望得更遠。

沒錢的事，只要你能認眞做、勤動腦，還是能從中「榨」出不錯的利益，而藉此培養出一身本領，以及不斷「想方設法」的習慣，未來不管是升遷、轉職還是創業，你都會是別人不可忽視的力量！

在職場如何不被「凹」？

職場新鮮人或剛到新公司或新部門的員工，最怕的就是自己成爲好好先生、好好女士，常被同事「凹」，要求做一些不是自己份內的工作，或者被指派一個沒有人要做的苦差事。你一定想問：「有沒有什麼樣的心法或話術，能讓自己在職場不會被凹、被佔便宜呢？」

所謂的被「凹」，有時候不見得是人家刻意要佔你便宜，而是人際關係中很正常的往來。誰都可能會遇到像是事情多到處理不完、臨時有突發狀況必須處理、某些工作超出了自身能力……等情形，這時，尋求同事協助是天經地義的。你在能力所及的範圍內，受到同事的請託，此時拔刀相助，不僅能夠增進彼此的情誼，未來在你有需要的時候，他們也將兩肋插刀的幫你完成任務。

但，許多人害怕的，是某人總是要別人幫助他，但在同事有困難時，卻使出「推、拖、逃」的策略，那麼曾經幫過對方的自己，豈不是白白被佔便宜，吃大虧了嗎？

在幫助他人時，應該遵循這個原則——不傷害到自己的基礎利益。在幫忙之前，先想想這會不會對你自己造成負面的影響，若不會，這種忙就可以幫；同時，你還要將這次幫助對方的事情記下來，看看下次你在尋求對方幫助時，他是否也熱心義助，結草銜環地回報你。

如果沒有，那麼他下次再找你幫忙時，便可以斷定他應該是「凹人慣犯」，只想佔人家便宜，你就以其人之道還治其人之身，也使出「推、拖、逃」大法，用「這個我也不會，你去問其他人吧」、「我正在趕工作進度，分身乏術呀」、「我現在剛好要出門拜訪客戶，沒辦法幫你」這些藉口，婉轉又很自然地拒絕對方。這樣對方也莫可奈何，只好自己處理。

累積實力與人脈的好機會

也許有人會說：但這樣還是被他凹了一次啊！要是每個同事各佔我一次便宜，那我還不是吃虧了？

這時，我又不得不拿出「能者多勞」這句至理名言來安慰你了。同事會找上你，除了你可能個性上不容易拒絕人、好說話以外，也代表著你的辦事效率高、能力強、不會出錯、值得信賴。說不定你自己也知道，現在能具備這樣的能力，都是「一路被凹」的結果。

我的建議是，作爲一位職場新鮮人，或者是公司和部門的新人，不妨大膽被凹，甚至主動要求被凹，因爲這是最快讓自己能力提升、學習不同領域的專業、拉攏人脈，以及讓上司看到你的機會。

我的好友Daphne，是Uber台灣區的高級行銷經理，最近剛赴北京就任新職。Daphne告訴我，她在剛進入職場的時候，曾在就是因爲自己熱心助人，常常主動協助不同部門的同仁處理業務、介紹人脈幫忙牽線，而得到了許多部門主管的好評。尤其在某次亞太區主管來到台灣，召集所有員工希望聽取大家的意見時，一看都沒有人舉手提問，她立刻身先士卒，舉手發問，還一連提出了幾個精闢問題，讓高階主管大爲讚賞。之後全公司的主管們都對她印象深刻，也主動給她許多工作上的提攜與機會。

而當她的前主管離開那家公司後，碰巧知道Uber亞洲區發起人來台尋找協助事業創立的員工，那位主管第一個推薦的就是Daphne。隨著Uber在全球做得有聲有色，Daphne也感嘆，當初要不是自己勇於抓住機會，或許以現在競爭激烈的態勢，可能進不了這家公司。這就是「主動被凹」能帶來強大好處的最佳例證。

於是，在職場上，不是想著永遠不要被凹，而是要思考如何使它發揮最大的效益。抱持著「被佔便宜」能強化實力，以及被佔便宜後能怎樣獲利的謀略，自告奮勇被凹。能夠保持這樣的心態與做法，某種程度上來說，才能遠離總是當濫好人「被凹」的情形。

我是強將，但底下都是弱兵……

自認是個強將，但下屬盡是弱兵，該怎麼辦？我認爲，這說到底還是主管的問題。

古人說，沒有不會打仗的兵，只有不會帶兵的將，恰好說出了問題的癥結點。如果你被分派到一個部門、單位或組織，卻發現底下的人手不好用、不夠積極努力、績效不佳，那麼千萬別急著抱怨、自怨自艾、覺得很吃虧，而是要在心裡告訴自己：這是一個訓練自己帶人帶心的機會，若能在自己的帶領下提升組織效能，將成爲未來面臨升遷幾會時的最佳依據。

當心理建設完備了之後，接下來就要透過實行領導統御，進而提高績效。建議身爲主管的你，可以從幾個方向開始著手：

1. **以身作則，上行下效**。

如同孩子都是看著父母長大，會學習他們的舉動，或在潛意識中被父母影響思考方式一樣，下屬們也是看著上司的行爲態度，來決定自己的工作態度。如果作爲一個上司總是準時上下班、專注於工作、對同仁態度溫和但要求嚴謹，下屬也一定不敢遲到早退、上班做自己的事情、對人咆哮、對事因循苟且。

因此，要刮別人的鬍子，先把自己的刮乾淨，想要有戰力強大、敬業勤懇的團隊，就得自己先成爲那樣的領導者。

2. 勤於溝通，放對位置。

許多組織之所以無法貫徹決策、績效無法達標，主要是因爲上對下以及部門之間的溝通協調出了問題。無論決議後的策略方針是出自老闆之意，還是集體決策的結果，在正式執行前，都應該讓推動單位能充分表達意見，討論各種做法可能的優劣勝敗，當大家都能發表自己的意見，也得到彼此的認同與支持後，執行起來自然比較容易成功。

就算剛開始的時候你不認同上面的決議，或者你感受得到下屬們對高層交辦的業務頗有微詞，也應該在持續溝通討論後，讓大家的方向一致，否則做的人心不甘情不願，再好的決策也無法達成原本預定的效果。

而作爲一位主管，在一開始分派任務之前，就應該對小組成員有深入的瞭解，或透過觀察，分析下屬適合怎樣的業務。並不是每個人都是長袖善舞的公關人才，也不是每個人都能對數字圖表精準掌握，把人放錯位子，指派給他們不擅長的事情，只會造成組織還有你自己的痛苦，導致分崩離析，一事無成。

3. **正向激勵，恩威並濟**。

在面對下屬的時候，最好能保持正向的語言。他們做得好的時候給予鼓勵之辭、提供實質的獎金或職位上的晉升，犯下錯誤時也不要口出惡言，講出類似「你是白痴」、「混蛋」、「怎麼連這種事情都不會」……等等否定下屬價值與存在的話語。

即使下屬犯下了極其嚴重的錯誤，如果你評估他是一個值得留下的人才，試著嚴肅反問他爲什麼會犯下這樣的錯誤，並且問：「你覺得自己從這件事學到什麼經驗和教訓？」、「做哪些事情能夠補救，或至少將傷害降到最低？」用這樣的方式，下屬比較不會對你心生怨懟，也許眞的能找出最佳的停損點，讓錯誤不至於不可收拾，他也會在心中感謝你對他的提點，更加忠心耿耿。

4. **專注績效，不帶偏見**。

身爲一位上班族，最痛恨的應該就是主管對人不對事，面對喜歡的下屬就寬容放縱，面對不中意的下屬則百般挑剔，這對於團隊的向心力與和諧，無疑是最大的殘害。

無論是在下屬表現傑出或者犯下錯誤、部門彼此間有爭執時，作爲主管，應該對事不對人，以公司利益、業務順利推動爲最高原則，之後再看該如何對下屬的行爲作出處置，以及各部門之間該如何調整協作。如果下屬和其他部門都感受到你是以公司利益爲目標，應該都能夠被你說服，願意稍作妥協以達成目標。績效爲尊，對人對事不帶偏見，才能讓組織的發展可長可久。

5. **定時查核，提供建議**。

我一直相信，在工作這件事上，人性是趨向於好逸惡勞的，員工很容易認爲自己只是領一份死薪水，在上班時間有做事就好。但抱著這樣的心態工作，不可能達到什麼卓越的績效，也容易避重就輕、左閃右躲，就怕承擔責任、延長工時。這是人性，但我們可以想辦法靠制度和態度來興利防弊。

主管可藉由定時開會來關心下屬是否有依照進度完成工作，討論出更有效率的執行做法，並且提供下屬進步的意見。對於一位員工來說，能夠提高工作熱情的最好方式，除了加薪以外，更好的是讓員工有成就感，而成就感的來源，往往在於「任務順利完成，而且自己的創新和建樹，爲該企劃立下了更大的戰功」。

在提供下屬意見時，最好是透過共同討論、適時提點的方式，讓他自己提出這些創意發想。如此一來，他在著手進行時，更能精神抖擻、躍躍欲試，爲自己的進度與成效負責。

6. **該砍就砍，毫不留情。**

如果用了上述的方式進行領導統御，卻發現依然有員工陽奉陰違、偷懶摸魚，甚至試圖拉幫結派、製造矛盾，立刻拿出績效查核表，讓他知道自己在工作表現上未達標準，若不自行走人，就祭出解雇、公事公辦。

一個團隊中，如果有人認眞工作，卻和渾渾噩噩的員工領一樣的薪水，這是最傷害團隊的行爲。這時，千萬不要還想當個好好先生、得過且過。因爲不認眞的員工，有可能拉垮你們部門的整體表現，拖累到你在長官心目中的印象。於是，該狠心開鍘就要開鍘，如此才是組織長治久安，也是讓好人才留下的方法。

如果能用上述六個方法，即使你一開始被分到的是看來良莠不齊的弱勢團隊，也能在你的帶領下，逐步成長，後來居上。先讓自己成爲一個強將，再一起帶領底下的兵，也成爲強兵吧！

被分到一個爛單位，有可能逆轉勝嗎？

公司的規模一大，就有可能面臨分家或部門重組的問題。要是被分到一個「爛單位」，或者資源和人才比較缺乏的部門，這是不是虧大了？眞有可能扭轉乾坤嗎？

讓我舉華碩與和碩分家的例子來討論。

二〇〇七年，華碩從知名的電腦主機板製造商起家，之後發展成爲桌上型電腦和手提電腦品牌大廠，因爲代工業務面臨瓶頸，不得不思考品牌與代工分家的抉擇。到了二〇〇八年一月一日，華碩正式分拆成華碩與和碩兩家公司，華碩繼續經營其品牌，和碩則主管原本集團內的代工業務。不過，當時華碩仍然持有和碩百分之百的股權，光是以母子公司的形態分家，釋股速度緩慢，難以消除其他電腦品牌大廠的疑慮，導致和碩的代工業務依舊推展困難，顯得風雨飄搖。二〇〇九年和碩在宣佈以減資及釋股的方式，讓和碩在二〇一〇年簡易上市，華碩對和碩的持股降至兩成。

只不過，分家後的和碩在二〇一〇到二〇一二年的營運相對慘淡，甚至一度連續兩季度虧損。負責掌舵的童子賢董事長過去在華碩負責品牌，分家時卻被調任代工事業體的董事長，因此外界均以童子賢拿到的，是「汪洋中的一條破船」來形容和碩的處境，這也讓華碩與和碩分家後的關係，顯得十分緊繃。

但，再經過了兩年，到了二〇一四年，和碩的營收首度破兆，成爲台灣第三家進入兆元俱樂部的企業，也是台灣第三家進入兆元俱樂部的企業，排名甚至衝上全台製造業的第三名。無論稅後純益、每股獲利，都創下與華碩分家以來的最高水平。這讓人驚艷的成功，不得不歸功於和碩吃下蘋果手機的訂單所致。

而迎來蘋果訂單後的豐碩成果，其實是長達三年練兵後的結果。要從原本與蘋果保持緊密關係的國際組裝大廠鴻海手中拿下蘋果的訂單，絕非易事。這又不得不提到童子賢董事長的眼光。

眼光精準，大膽出手

在與華碩分家後，當時卻不巧遇上了電腦整體銷售成長趨緩，童子賢以及和碩的團隊看到行動裝置的起飛，決定將集團的資源和生產線，大舉調整、重壓在行動裝置上。只不過，重壓在行動裝置上的初期結果，也遭遇運勢不佳所帶來挫敗，例如二〇一〇年前後，雖然和碩從鴻海手上分食到部分的iPhone4 CDMA版訂單，但該手機的整體銷售量不佳，導致和碩被蘋果砍單，二〇一一年到二〇一二年間接到iPhone的5C手機訂單，銷量卻一樣慘淡。和碩爲了「吃蘋果」所投下的資金，包括擴張廠房、購買設備、增加技術人員等，眼看就要血本無歸。

還好，那時鴻海的生產線剛好出現了良率的問題，蘋果公司爲了降低對單一組裝廠依賴過高的風險，決定將更多的訂單下給和碩，搭配iPhone6和6S旗艦機的熱賣，和碩的營收也跟著水漲船高。

歸納和碩之所以成功的原因，不外乎看準趨勢、大膽投資，透過提供製造服務與設計服務來創造價值，再加上對手「一時出錯」的運氣，才得以享受現在的美好果實。

將這個經驗拿回每一位職場人身上來看，被分到所謂比較差、比較弱的單位和部門，千萬不要妄自菲薄，因爲即使是很強的單位，領導者如果沒有看準趨勢，將大船駛往錯誤的方向，再厲害的水手與設備也救不了即將撞上冰山的大船。於是，如果被迫分家到一個目前看來比較「沒搞頭」的部門，或者在公司分家後資源較弱的單位，最好的方式，就是不斷地透過內部溝通來凝聚共識，開放心胸學習新知、洞見時勢，強化內部人員的訓練以提升整體戰力，並且不斷尋思如何用既有資源來強化能夠提供的服務與價值，若能如此，即使一開始落後了、看起來像是吃虧的，依舊有機會後來居上。什麼都不做，只會抱怨，對於個人以及所處的組織，毫無任何幫助。

⌖創造個人價值，才能建立屬於自己的地位

這裡再和大家分享一個觀念。由於蘋果公司在手機領域的成功，讓全世界瀰漫著一股「做代工不如做品牌」的思想趨勢，大家都認爲做品牌絕對比做代工好，畢竟品牌商能夠拿走整個製造與銷售鏈中最大的利潤，代工廠除了做得要死

勞心勞力之外，利潤往往「毛三到四」，僅能糊口而已。

但這其實是對整個產業不夠瞭解所看到的片面景象。成功的品牌固然營收令人稱羨，但做品牌的風險極大，非生即死。行銷的定位沒有做好，就可能全軍覆沒，再加上有時形式比人強，不是你的產品不好，而是對手太過強大，以三星和宏達電的手機爲例，其品質雖然優異，但蘋果手機更加厲害，尤其原本三星還能靠著大螢幕瓜分市場，結果蘋果順應時勢，也出了iPhone6 Plus，使得三星原本自豪的市場，瞬間被蘋果攻破，兵臨城下。

而所謂的代工業，若是能像和碩與鴻海一樣，專注本業，同時提供價值，不止爲客戶開生產線，還提供設計思考（Design Thinking），再加上落實品管的把關，創造自身在業界中無可取代的地位，向上從品牌上收取一定的代工費，向下則能撙節成本擠出利潤，整體的毛利率甚至可超越品牌商的實際獲利。

因此，無論是品牌商還是代工廠，重點還是在於能否不斷提升價值，建立他人無可取代的地位，這也是每一個人在生活與職場中必須致力的重點。

Part Four

人際關係

不參加聚會，是不是就會被排擠？

對於許多上班族來說，要不要參加公司的聚會眞讓人陷入兩難局面。去參加，可能犧牲了自己陪家人、休息睡覺或下班後進修的時間，而且這種公司聚餐通常很無聊，與主管長官同席，根本無法暢所欲言，吃得好不痛苦；不參加，又擔心在主管心中留下不好的印象，或者遭到同事認爲自己「不合群」所引發的排擠，讓未來工作上諸多不順。這眞讓人難以抉擇，畢竟去或不去，都有「吃虧」的可能。

我個人認爲，這種公司聚會，能參加就參加，也就是說，不要「刻意」地不去參加，但也不必在遇到原訂規劃與公司聚餐撞期時，一律「以公司爲尊」，放棄自己原本的既定行程和計劃。

根據我多年的經驗與觀察，或許很多人覺得聚會不去將會影響老闆對自己的印象，同事也會逐漸開始排擠自己。但實際上，在職場其實大家最講究的還是

「實力」，如果你的業績是團隊裡頭最好的、擁有的能力是其他人無法取代的，跟客戶之間的關係是無堅不摧的，那麼即使聚會不參加，也絲毫不會影響你在公司的地位，完全不需要憑藉著「擔心同事會因此疏遠排擠你」這樣的想像，而勉強自己去參與你不想參與的聚會。上司和同事巴結你都來不及了，又怎麼會排擠你呢？

⌖聚會是促進工作順利的一種手段

但話又說回來，一個完全不想參加公司聚餐的人，根據我的調查統計，似乎往往不會是部門裡頭表現得最傑出的那位。如果在自己的公司或部門中受到尊敬、被同仁認可、喜歡自己的工作、完成業績都是來自於團隊的幫助，這樣的人通常都會非常樂意與團隊成員多加接觸，只要不和既定的行程相衝突，應該都想參與公司的聚餐，因為對這種人來說，工作就是生活，生活就是工作，完全沒有切割的必要。

只不過，站在公司高層或主管的立場，固然想要藉由同仁聚餐來凝聚共識、增進情誼、鞏固團隊，也應該多爲員工們著想，考慮不同人的「內情」，因爲有小孩的人下班總得陪孩子，也有人利用下班時間固定在社區大學或補習班進修，單身人士則要把握時間約會……，這些人的不同需求都應該納入考量。比較好的做法是，最好在一到兩個月前便訂好聚餐的日子，徵詢大家的意見，同時避開星期一和星期五的下班時間，更好的做法是一律辦在中午，如此一來大家可以及早規劃，或者在中午聚會較無時間上的負擔，參與度自然能夠提高。

而如果你看到這裡，還是十分不認同，覺得「除了公司表定的工作時間以外，午休時間和下班時間都是我自己的，絕對不要來煩我」的話，當然也尊重你的想法，只不過這和我們的文化實在天差地遠，堅持這麼做下去，吃虧的絕對會是你自己。因爲你的這種行爲，即使內心沒有任何惡意，外顯出來給同事與上司的感覺，就是「這是一個極端自私的人」，一切都只想到自己，以自己的時間爲主，一旦這種印象根深蒂固，重要的工作不會交給你、晉升的機會也不會給你，畢竟公司的運作，需要的是同事間大量的互相溝通與配合，而你的時間與精神，總是無法與其他人搭配，自然慢慢就會被邊緣化。

除非你已經是一人之下，萬人之上的大主管，或者自行創業，那麼你當然可以把自己的這種工作理念，制定爲公司文化。但當你還沒坐到那個位子的時候，尊重大環境的氛圍，在其中尋找可以改進的地方，還是一個相對比較安全與可行的做法。

被同儕排擠，還要熱臉去貼冷屁股嗎？

關於聚餐要不要參加的兩難還比較好解決，在職場裡更爲棘手的是，如果已經被排擠，甚至是被霸凌了，該怎麼辦？

我的一位朋友建予曾經向我訴苦，他在進入一間公司之後，也許因爲過去的主修不是現在工作內容的專業，頂頭上司根本不太重視他，從未將重要的業務交給他承辦，也因此總是學不到該單位業務的精髓，而這個問題在另一位同仁赴任後更形嚴峻，因爲那位同仁的專業背景與部門要求相符，更是上司同一間大學畢業的學弟，大家都可以感受得到，上司對那位新同仁關愛有加，給了他十分全面而充足的訓練，這更讓建予覺得自己在該部門只是一個可有可無的存在。

在某次參與同業領域的盛大研討會上，建予因緣際會而認識了同公司不同部門的主管Allen，他十分欣賞建予，希望他能轉調到自己的麾下。Allen的部門是公司的新事業體，前景光明，建予正爲自己目前被冷落的情形感到痛苦，也想藉由這個機會，請調到這個新的事業體。沒想到這件事情竟然不知爲何，在原部門傳開來，大家都在私底下說，建予一定是靠著拍Allen馬屁和詆譭原屬單位，才能有機會轉進新單位這樣的「肥缺」，於是開始把他當成隱形人。聚餐不找他，同仁慶生時蛋糕剛好也沒他的份，更時常在討論什麼事情時，看他一經過便悄然無聲，做鳥獸散。這一切都讓建予難以忍受，滿腹委屈只能含淚吞下。還好，後來他熬過那最煎熬的三個月，人事室的公文下來，順利轉調到了Allen的單位，也重新開始他的職場生活。

像建予這樣的例子，在公司裡頭所在多有，但能如他一般幸運地轉調到自己喜歡的部門重起爐灶，卻是寥寥無幾。在公司裡頭受到排擠或霸凌時，難道眞的只能忍耐嗎？

⌖正面迎戰，主動請益

我認爲，絕對不能忍耐，若只會忍耐，那就眞的虧大了，可以用底下幾種方式來面對、解決。

首先，一定要正面迎向那些排擠你的人，特別是擒賊先擒王，從排擠你的人之中的那位意見領袖開始。因爲，他非常有可能就是排擠你的始作俑者，要解決問題，就從問題的源頭開始。

你可以藉由某些機會，例如公司發布業績成果，他獲得獎項時，離他近一點，大聲爲他喝彩，還在他下台時給他一個肯定的大微笑，故意讓他看到，藉此卸下他的心房。然後，趁著他興奮的心情，等到他獨處的時候，找機會走近他，請他給你一點時間，你有事情想和他聊一下，接著很誠懇地問他：「不知道我有沒有什麼做不好的地方，或者是因爲什麼事情讓你不開心呢？也許是我的錯覺，但感覺我們之間似乎有什麼誤會？」

這時，如果對方認爲與你之間根本沒問題，一定會笑著說你想太多了；而眞的不喜歡你的人，也會驚訝於你的Guts（勇氣），要嘛是尷尬地說沒有，要嘛是很婉轉地告訴你，之前因爲某件事情，覺得你的做法有待商榷……，總之，面對不喜歡你的人，直接找他們說清楚，是最好的方式，因爲很多時候也許是你的錯覺，而即使一切不是錯覺而是對你眞有不滿，對方也會暗自佩服你的勇氣。而且請特別記得，講完一次之後，記得之後也要厚著臉皮常常去找對方，把對方當自己好朋友一樣來對待。

簡單講，面對不喜歡你的人，而你想要改善與他們的關係，正面迎向他，而且是一而再，再而三地向對方釋出誠意與善意，那麼他們一定「受不了」，未來即使還是不喜歡你，至少不會處心積慮來害你。

但這種做法其實有一個例外，那就是，你自己本身眞的有很大的問題，要嘛是自私且什麼事都只想到自己，要嘛是說話白目總是不經意中傷人，或者團隊合作時喜歡爭功諉過……。類似這樣的人格缺陷，若是別人都告訴你了，還不加以改善，只會讓你的人際、同儕關係更加惡化，在任何單位都無法久待，因爲無論到了任何地方，你還是一樣不討人喜歡啊！

⌖不想被欺負？就變強吧！

而如果你自認問題完全不是出在自己身上，已經主動熱臉去貼同事的冷屁股，對方卻依然要排擠你、打壓你的時候，請專注在自己的工作上，立下一些使人難以望其項背的戰功，並且刻意讓上司或不同部門的主管看到，甚至是業界其他的大佬發現吧！唯有如此，你才能比其他同事更早一步被晉升，成爲他們的主管，讓他們從此噤若寒蟬，或者是到了另一家更好的公司坐上更高的位子氣死他們。

總之，避免被排擠或霸凌最好的方式，就是成爲一個別人不敢、也無法欺負的強者。

我們不主動排擠、霸凌別人，但也不能對排擠與霸凌視而不見、忍耐逃避。唯有如此，才能爲自己與別人創造一個更美好的工作環境。

被攻擊，該不該反擊？

古人說：「謠言止於智者」，但是謠言眞的會止於智者嗎？

我有一位在花蓮國中擔任教師的好友信德，跟我分享他在職場上遇到了爲謠言所苦的困擾。他的某位同事在暗地裡散佈謠言，說他不但拿教科書廠商的回扣，還會偷偷欺負代課老師，但這一切根本就不是事實。他懷疑，那位同事散佈謠言的目的，大概是因爲前陣子教務主任調離現職，而信德成了那位同事在競爭這個主任缺時的頭號敵人，因此打算用散佈謠言的方法，拉他下馬，使他永不翻身，無法與之競爭。

職場上，類似這樣被謠言中傷情形並不少見。而謠言之所以常被有心人士利用，就在於它的威力強大，普通人一聽到他人負面評價的同時，很容易在心裡先入爲主地對被批評者形成警戒心或負面陰影，也就是說，「先造謠人容易先贏」，渾然不知者，就容易吃虧。該怎麼做，才能防止謠言的發生呢？謠言有可能止於智者嗎？

我認爲不會！

在遭遇謠言攻擊的時候，例如好友信德的情形，最好的方式，第一步是默默地蒐證。除了蒐集對方在暗地裡說你壞話的證據之外，通常像這種喜歡散佈謠言的人，小人行徑難改，他想要構陷的對象絕對不只你一人。你可以私下詢問其他人，有沒有曾經被那位同事在背後說壞話的經驗，然後聯合所有被害人，一起帶著蒐集好的證據，在時機成熟之時，集體向校長報告。當只有你一個人向校長報告的時候，校長可能還會認爲是你與那位同事之間的紛擾，不必太認眞處理，但一次有兩、三個人同時對他提出指正，那麼孰是孰非，就很容易清楚明白。校長日後聽到那人的挑撥話語時，也不會輕易相信，能達到施打預防針的效果。

⌖面對小人別手軟，不然倒楣的就是你

而如果謠言已經散開了，還可以用正面迎擊的方式來處理。

首先可以正面迎擊的，是受到謠言影響的客戶或朋友。

我曾經在一場會面中，與和碩科技網通視訊研發中心的黃中于總經理有過深入的訪談。他告訴我，作爲代工業的龍頭大廠，和碩當然會遇到同業的中傷與攻擊，畢竟大客戶抵達台灣後，必定是從幾家有能力的代工廠中，選擇一到兩家足以提供穩定良率和優質生產線的公司，進行業務委託，最後下單的量，決定了一季甚至整年的營業額，可說是場競爭激烈的殊死戰。這時就會有同業想用批評中傷的方式，在客戶面前說和碩的壞話。

而黃總經理認爲，面對同業的中傷攻擊，和碩一貫的態度就是不予理會，專注做好本業，因爲客戶本身在多年的採購經驗中也磨練得精明，知道有人可能使出這種陰險的步數，若是客戶前來參觀和協商，發現聽到的耳語和事實有出入，反而會對爆出謠言謗語的那一方印象大壞，所以說到底，說人謠言，其實是一步可能置自己於死地的險招。

我則建議黃總經理，下次可以在客戶來拜訪的時候，直接送上眞誠的笑容，開門見山問：「有沒有聽到什麼關於我們不好的謠傳？不如您直接提出來，我一一就您們的疑問來回答」。如此坦蕩的態度，若是再搭配堅強的實力，反而能強化顧客的好感與信任。

在此也要提供給職場人一樣的建議，在聽聞有人謠傳自己壞話時，你可以採取這樣的策略——找幾個你平日關係不錯的同事，直接在午餐或下午茶時間，一對一地詢問他們是否有聽到什麼關於你的謠言，你願意開誠佈公地直接解釋。

而更厲害的一招，則是直搗黃龍，如果知道說你壞話的始作俑者是誰，直接找對方談，問問對方是否彼此間有什麼誤會？對方在與你談完之後不敢再犯的話那是最好，若是持續聽到對方仍然小動作不斷時，就將你平日蒐集到的把柄，在約其私下談話時提出來，告訴他要是再不停止，你也不會善罷甘休。

喜歡造謠的人，通常都是欺善怕惡的，如果他發現你有他的把柄，比他「更惡」，必定不敢再使出小伎倆來干擾你。我們平時不犯人，但有人犯我們時，一定要具備一出手就能將對方「打趴」的實力，如此才能遏止謠言的擴散，也避免壞人再去傷害更多無辜的人。

說錯了話，還能挽救嗎？

在職場中，說錯話，的確可能造成無法彌補的錯誤。

牽猴子整合行銷公司成立於二〇一一年，過去幾年來發行過的國片如《翻滾吧！阿信》、《總鋪師》等都很賣座，後來的《看見台灣》、《灣生回家》等，更是將台灣紀錄片的票房，推上了歷史的高點。這樣一個戰功彪炳的團隊，其背後負責人王師，更被紀錄片知名導演楊力州稱讚爲紀錄片發行的第一人。

但目前看起來如此成功的王師，也曾經有過一段非常「魯蛇」的自我懷疑歲月。他畢業後的前幾份工作，包括聯合利華、誠品書店等，都只做了幾個月便辭職，因爲找不到對於工作的熱情，即使是人人稱羨的工作，也無法讓他繼續在該產業待下來。直到他進入了電影圈，從行銷與發行專員開始做起，才讓他發現了自己的興趣與熱情所在。

不過，王師也曾經在最愛的工作上因爲說錯話而遭遇重大挫折。某次他服務的前公司負責發行好萊塢電影，因爲有一些預算，想要邀請當時的知名記者前往洛杉磯參加電影發表會，但是總預算有限，只能邀請四大報其中一家的某位記者。王師當時不太熟悉業內行規，不小心說漏了嘴，讓其他三大報知道他居然只邀請某一家報社的王牌記者前往。這讓那位王牌記者覺得十分難堪，認爲是王師陷他於不義，於是口氣嚴肅地告訴他：「王師，我想你連這點都搞不清楚，你可能不適合待在這個行業，做這份工作。」

當時被指責後嚇得如驚弓之鳥的王師，備感挫折，也覺得十分難過，但他仔細想想，他真的熱愛這份工作，雖然犯了這個錯誤，但沒有理由因爲這個錯誤，就離開這個行業，即便受到了前輩如此強烈的指責，王師也決定把委屈往肚子裡吞（當時是菜鳥的他，根本沒有意識到讓其他記者知道只有那位記者受邀前往採訪是多麼不得了的事），繼續堅守在自己的崗位上。後來，王師受到前主管的介紹提攜，參與了坎城影展的參展活動，也進入金馬獎的籌備委員會協助宣傳行銷，之後更因緣際會，得到李烈小姐支持，共同成立了公司，一起爲更多國片的行銷宣傳做努力，也締造了許多輝煌的佳績。

從王師的故事可以看出來，很多時候，在職場上犯的錯誤，在所難免，但把時間拉長回頭看，也許當時的錯誤，其實是幫助你後來站得更高、看得更遠、奠定堅強實力的墊腳石。差別在於，在犯錯的當下，你是毫不在乎、因循苟且？選擇放棄、灰頭土臉？還是痛定思痛、奮發圖強？

如果選擇奮發圖強，那麼持續堅守崗位再勵精圖治的結果，一定能創造佳績、將功贖罪，讓原本指責你犯下大錯的人刮目相看，認可你的成就。錯，不是不能犯，能夠學到經驗，並且藉此締造巨大成果即可。

巧妙轉化逆境，扣分變加分

而有時候，運用一點點的巧思，則能讓過錯或失誤，反而成爲最佳的成功轉捩點。

臺北市就業服務處台北人力銀行在二〇一五年以「航向夢想職涯系列活動」爲主軸，展開「我們的世代」的系列講座活動，我則受邀擔任講座主持人。在某一場論壇活動上，講者們賣力授課，台下的觀眾也聽得意猶未盡，原本一切都進行得十分順利，在快要結束的前十分鐘，麥克風和喇叭忽然「不給力」，一直出現「呼呼呼」般似風聲的雜音，工作人員趕緊尋找活動場地的學校工友協助，無奈他弄了半天，一點改善也沒有，活動就這麼進行到了最後尾聲。

在最後一位講者說完後，我立刻拿起麥克風，爲今天的活動總結，並且強調：「各位剛才一定有聽到『呼呼呼』的聲音吧？你們知道那是什麼嗎？那是老天告訴我們『起風啦』，快點將今天的所學納爲己用，奮力揚帆，迎向自己的夢想職涯吧！」

這一句緊扣主題的臨機應變妙語，讓現場所有原本因爲音響干擾而面露不悅的就業服務處長官、受邀講師與現場觀眾，瞬間露出了滿意笑容，整場活動也在如雷的掌聲中結束。我在「主持人」這個領域的風評，也獲得讚譽，地位更形穩固。這都是因爲我懂得臨機應變，才能將「失誤」轉化爲促使活動更加成功的催化劑。

因此，當你下次也遇到類似失誤，或者別人的失誤所造成的虧損，先別急著放棄，也不要忙著責怪他人，因爲那都無濟於事，不如試著找出見到改進的重點，或者憑藉著經驗與應變，讓這個「吃虧」得以發揮出它正面的力量。

朋友聚餐該各付各的？還是輪流請客？

跟心儀的女生出去，能依循「請吃飯可以，我們牽手吧」的策略，但如果是和一般的朋友聚餐，到底是各付各的好，還是輪流請客好呢？

平均分攤的好處在於每一筆帳目十分清楚，也不會發生這次你請的金額比較大，下次他回請的金額卻比較小，造成彼此心中有疙瘩的情形。問題是，在我們台灣人的文化裡，任何聚餐的情況下，你都提議平分付帳，容易讓人覺得你小氣、不夠大方。該各付各的還是輪流請客，眞不是一個容易的決定啊！

其實，根據我自己的經驗歸納，認爲無論是各付各的還是輪流請客，都不是重點，重點還是在於你是否了解對方的性格，是否誠實面對自己的性格，以及有沒有眞正將對方當作是朋友。

如果你知道對方是一個不拘小節的人，那麼他一定會在你提議各付各的時候，立刻掏出自己的那一份金額，也會在主動支付這一餐請客之後，下一餐高興地接受你的招待。而如果你熟知自己的性格也是如此，那麼彼此很自然就能找到一個均衡點，你來我往，重視的只是彼此談天是否愉快、交流是否開心，吃什麼、吃多少錢，完全不是重點。這是眞正朋友之間基本的禮尚往來。

視「情況」展現出大方態度

但在面對一群人的時候，我建議作爲「有心人士」的你，得調整一下自己的作法。所謂的有心人士，指的是你可能有求於人，或者一群人中有你心儀的女孩，那麼展現你的大氣，直接去付賬，是一個比較聰明的做法。畢竟你的目的，是要營造一個你很大方的形象，這個大方的形象，在我們的文化裡，就是比較容易讓人對你有好感，若在商場上，對方可能因此更覺得「你是一個咖」，未來的合作機率也提高，而你想吸引的她，也會覺得你是一個大方的男人，認爲你氣度非凡、有容乃大，是個適合交往的對象。這部分其實是社會裡很少人會去說破的潛規則。

尤其當你在一群人中主動去付錢後，通常當大家眞的只是朋友時，一定會有人提議，「這樣讓你破費不好意思」，於是紛紛掏出自己那一份餐的金額，你可以大方的說聲「沒有關係啦」，再假裝拗不過大家的好意，只好收下那些錢，不見得眞的會讓你白花錢，還賺到了好名聲。另外，現在更有信用卡回饋金的制度，若是有機會幫全桌的人付費，你還能因此獲得現金回饋或贏取點數，何樂而不爲呢？

因此，我反而建議，對於有心成爲團體領袖的人，多多養成吃飯時主動付賬的習慣，若是有人搶先你一步，下次記得回請對方；眞能順利結帳之後，即使眞的是你全額支付，其他人拍拍肚子免費吃了大餐，其中還是會有某些有良心的人記住你的大方，未來無論是談合作或者是尋求小幫助時，都容易義不容辭地協助你。這樣算起來，金錢上的小付出，眞的不是什麼吃虧，而是爲了將來他人回報時所作出的投資罷了。

只不過，社會上也的確有許多「將別人吃乾抹盡，自己卻吝於付出」的人存在。所以即使找一群人吃飯，也盡量找眞的是朋友的人一起，若發現有那種白吃白喝的慣犯，最好避免那種人繼續滲入你的交友圈，因爲他們從來只想到自己，更沒有眞正把你當朋友，一定要對其保持距離，以策安全。

朋友借錢不還，該怎麼辦？

面對朋友借錢，很多人都會陷入兩難。不借，傷害了朋友之間的感情；借了，又怕之後錢拿不回來，一樣傷害了友情。

其實，看了上面這段話，大家應該也發現了，面對朋友向你借錢這件事，無論你借或不借，一樣都會傷感情，差別只在於是傷了他的還是傷了你的！

瞭解這一點之後，事情就好辦多了。要讓彼此感情不受傷害，又或者你不會覺得有「吃虧」的感覺，一開始在決定要借錢的時候，就別想著這筆錢能拿回來。再不然，也可以打定主意死都不借，同樣能避免日後對方不還錢時，自己那種受傷、被利用和吃虧的感覺。

要讓自己在借人錢之後不會覺得吃虧，一開始便別想著這筆錢能收回，而能夠做到這一點，就得預先做好財務規劃，讓自己永遠有準備一筆「自己不在乎」、「沒有也不會痛」的款項，從那筆錢中，撥出一部分來借給朋友，不會讓你在最後收不回借款時感到受傷和吃虧，甚至對自身財務狀況造成打擊。

而如果你自己根本就沒有那筆多餘的金錢，或者打從心底就不想借錢給別人，那麼平時就不要擺出一副自己很有錢的樣子，養成對方「覬覦」你的財富，自借款之始就抱定不打算借錢後還款的惡意。而如果你已經結婚的話，更好的藉口是「我的錢都歸另一半管」，這樣便可很「自然」地讓對方知難而退。

⌖衡量借錢者的狀態，判斷是否該借

另一方面，看待這個問題，又得回到向你借錢的那位朋友身上。

朋友向你借錢時，可以從三個面向來衡量是否借款給他，分別是交情的深淺、突發狀況的程度大小，以及他個人的還款能力。

如果你們兩人是從小穿同一條內褲長大的朋友，他突然遭遇自己或家人的疾病打擊，或者是事業上剛好需要一筆周轉金，否則立刻將面臨資金斷鏈，這時你評估交情、突發事件眞的屬於無法預測又無可奈何的危機，以及他過去成功經營事業的能力，這時是可以考慮借款給他的，因爲種種「跡象」都顯示，他應該是願意還款，也有能力還款的。

但如果你們的交情普通，平時也沒有太多聯絡，甚至是剛認識，他就提出一個也不知道是不是編出來的藉口，再加上也沒有顯示出能夠還款的能力，那麼你可以很篤定地告訴自己，絕對不要借錢給他，因爲他不還錢的機會，高達百分之九十九。

根據我個人的觀察與經驗，一個人眞的要借錢，是很難借不到的，他應該要從自己的父母兄弟和親友開始借起，再不然拿自己的房子、車子來向銀行抵押借款，又或者採取信用貸款，都是可行的方式。但他不這麼做，分明就是因爲他在親友間的風評不好、紀錄太差，或者是因爲跟銀行借款的利息太高，擔心面臨抵押資產被銀行沒收的風險，於是找上了你。簡單來說，就是想把自己的財務風險，轉嫁到你的身上。

倘若看清楚了這一點，那麼請毫不猶豫地拒絕他吧！因爲他根本就沒有打算要還款的意思。爲了避免吃虧或自己受傷害，一開始就拒絕對方是最好的方式。他沒有眞心把你當朋友，替你好好著想，你又何必替他著想，擔心拒絕他會讓他受傷呢？

事實上，關於借錢這件事，我認爲最好是在向人借錢或借錢給朋友的時候，採取跟銀行借款的方式一樣，彼此訂定契約，詳載借貸的金額、利率以及還款的時間。如此一來，當有紛爭發生時，也才有一個交由司法機構裁決的依據，而通常有這樣的一份契約在手，向你借款的朋友也比較不敢不還，會在最短的時間內將這筆款項償清。

這時有人會說了：「朋友之間借貸還要訂契約，那不是太傷感情了嗎？」

那麼你就得想清楚，訂了契約對自己還有點保障，不訂契約若是發生任何的問題，後果就自行承擔。千萬別爲了一點小小的「不好意思」，而讓自己日後覺得吃虧甚至「內傷」，那就眞的是得不償失了。

被人誤會，我該解釋嗎？

小時候的我，是一個人緣極佳的人，從來不擔心自己會被人討厭、孤立，因爲雖然有人討厭我，但喜歡我的人更多，我就像班上的意見領袖，有所謂的磁吸效應，大家都想圍繞著我。但這樣的我，卻意外地在高中一年級的時候遭遇了人際上極大的挫折。

那時我除了跟自己班上的同學感情不錯之外，和隔壁班的幾位同學也情同兄弟。某天早上，同班的小陳與我在隔壁班的好友阿德爲了搶機車停車位而起了爭執，當天下課，兩人找了各自的朋友，到對方的班上「講道理」。本來只是彼此「嗆聲」，但阿德在那天放學後，趁著小陳獨自去校門口的超商買東西時，夥同幾個同學將他痛揍一頓。

揍完小陳的阿德一行人回到校內恰巧看到我，很高興地和我打招呼聊起天來，完全沒提剛才痛毆小陳的事，結果小陳一回來看到我們幾個在聊天，一時怒火中燒，認爲他會被揍，想必是我洩露了他的行蹤。從那天起，他便夥同班上另外一位不知爲何就是看我不順眼的小黃，開始孤立我、打壓我。

情況最糟的時候，只要我上課被老師問到問題站起來回答，班上立刻噓聲四起；考試成績不錯上台領獎，一點掌聲也不會有；班上根本沒有人要跟我講話，就怕一和我有什麼接觸，會連帶被小黃和小陳認爲是我的同路人，也陷入悲慘的境地。

但當時的我自視甚高，採取了「完全不鳥他們」的回應方式，因爲我只要走出了班級，在社團、校際營隊裡，依舊人緣極佳，尤其每次校慶的時候，都有其他學校的正妹來班上找我，那些同學眞的氣炸了。我能從他們憤怒的眼神中看到嫉妒。

雖然當時的我對於他們的排擠並不在乎，但我的高中生活確實也因此不好過。回頭看那時候，我眞的覺得我做得不夠好。在遭遇同班同學誤會我是背叛者、抓耙子時，不應該毫不理會，覺得他們莫名其妙、錯在他們，而是應該不厭其煩地再三向小陳解釋。我認爲，剛開始解釋，雖然小陳依然有可能擺出臭臉、惡言相向，但如果我每天都跑到他的面前告訴他「不是我」、「我沒有」，主動和他說話、有好吃的買一份送他，久而久之，就算他都不接受，至少會感受到我的誠意，停止對我的孤立，也就是即使依然不喜歡我，但也至少不會加深對我的討厭。

⌖積極為自己辯駁，不要吃悶虧

有了那次的教訓之後，對於被人誤會這件事，我一律採取積極的方式回應。

例如，幾年前有讀者搞不清楚狀況，在網路上說我「死要錢」、「不眞誠」，怎麼可以把出版過的《全民搭訕運動》和《第一次搭訕就上手》合成《搭訕聖經》繼續販賣來「騙錢」。我解釋那是因爲原本出《全民搭訕運動》和《第一次搭訕就上手》的出版社倒閉，接手這兩本書版權的出版社擔心分成兩本書會賣不動，於是建議將兩本合成一本繼續發行，而針對此事，我也早就在《搭訕聖經》出版前的三個月，在部落格公告天下這本書的由來，已經買過的不必再買。果然那位批評我的讀者，就來信向我道歉，事情也告一段落。

因此，如果你在職場或生活中也遭到誤會，千萬不要自以爲沒有錯就隨便他人怎麼說、或乾脆「擺在那邊讓它爛」，而是可以像我一樣，作出公開的聲明，或者私信和那位提出質疑的朋友說清楚。最起碼，你必須要讓你的好朋友與你在乎的人，不至於因爲謠言而懷疑、疏遠你。作出你的解釋，讓你在乎的人看到，然後將是否相信你的決定權交給他們。如此，眞正的朋友自然會留下，而不是那麼在乎你的人，也會慢慢消失。

你不欠所有人一個解釋，但你應該爲了自己，在被誤會時提出清楚完整的解釋。有心人士和原本就討厭你的人當然會選擇不聽不看不相信，但眞正喜歡你在乎你的人，一定會留在你的身邊支持你，保護你。光是爲了這些人，你就有義務終止謠言，挺身而戰！

被嫉妒，都是別人的錯？

在職場遇到被嫉妒的情形，該怎麼辦呢？

其實我要說聲「恭喜」，因爲能被嫉妒，表示你已經在團體中鶴立雞群，要嘛是外形出眾，要嘛是能力超強，否則平平庸庸的對象，誰要嫉妒呢？

只不過，會招致大家的嫉妒而不是喜愛，或許你自身也有可以檢討改進的地方。通常能做到底下幾點的人，比較不容易招致嫉妒：

1. **不居功**。

總是將業務上的成績，歸功於團體小組成員。當你的能力越出眾，越要刻意地將功勞歸給一起工作的小組成員。或許有人會擔心，這樣主管就不會知道我才是付出最多的人呀？其實這眞的是多慮了。通常主管察言觀色的能力都很強，否則不太可能在激烈競爭中脫穎而出爬上高位，他一定知道誰是在小組中付出最多、表現最出色的。

當你在完成流暢無瑕的簡報並接受鼓掌喝采時，可以刻意地提到沒有其他人的協助，這份簡報不可能如此完美，即使功勞大多歸到你身上，組員也會比較釋懷，感受到與有榮焉的喜悅。

2. **笑臉迎人，主動提供協助**。

俗語說：「伸手不打笑臉人」，如果你總是和藹可親、笑容可掬地在完成份內工作後，看到同事業務量過大時，主動詢問對方是否需要協助，即使他們禮貌地說不需要，還是會在心中暗暗替你加分。主動提供他人協助的人，是最不容易遭受嫉妒的。

3. **貼心發送小禮物**。

若外地旅遊回來時，可以買些小東西分享給同事。沒有人不喜歡收到禮物，只要順手買一些糖果、餅乾之類的伴手禮分送給同事，所謂「拿人手短，吃人嘴軟」，隨著糖果入口，同事之間的嘴也容易甜了起來，彼此都說彼此的好話，工作環境的氛圍也隨之明朗開心。

4. **樂於分享人脈**。

一個眞正的強者，是不會害怕自己的人脈「被偷走」的，因爲他永遠能維繫好與原本朋友的關係，也能隨時開發新的友誼，因此樂於將自己的人脈和關係介紹給同事，讓他們也能因此倍增業績，獲得成功。這樣的人，很難不被同事喜歡，因爲他不只自己提升，也總是帶著同儕一起提升。

5. 與同事同甘共苦。

人都喜歡被認同的感覺，你眞心爲他人所作出的讚美和鼓勵，不啻是彼此關係的催化劑，而更厲害的是能觀察出對方在遭遇挫折時的低潮，主動爲別人加油打氣，只要你具備這樣精準的觀察力，一定很容易收割同事對你的喜愛與忠誠，建立彼此扶持的戰友關係。

只不過，有時你所加入的團隊要是能力不足、氛圍太差，積重難返，那也不是你能救得了的。因爲當一個組織裡都是弱兵，又不思提升時，任何一位有點優秀的同仁加入，都會讓這群人如臨大敵，深怕自己地位不保「被幹掉」，嫉妒心自然被誘發，想要將耀眼的你除之而後快。這時，離開這個惡劣的環境，會是比較明智的做法。保持上述的五大態度，去加入一個強者環伺的環境，你將覺得相得益彰，工作起來無比愉快。

Part Five

時事解析

臉書不是個人的界面，是公關宣傳的工具

蘇迪勒颱風發威，台北市傳出不少災情，爲了搶災，包括台電、公園處、清潔隊等基層員工幾乎不眠不休趕工，不過台北市長柯文哲太太陳佩琪在颱風襲台的當天，卻在臉書上自爆「拜颱風天所賜，昨天先生難得整天在家吃飯」，還說冰箱的菜全都掃光光。文章一公開，立刻吸引上萬個讚、超過三百個分享。不少網友酸「只要有心，餐桌也是防災中心」，還有人說「颱風天就是要在家吃飯，不然要幹嘛」。北市府副發言人黃大維則澄清，市長除了週日視察大巨蛋現場並未公開外，其餘防災行程皆全程公開，呼籲救災優先，不要政治口水。陳佩琪也在臉書上公開道歉，說自己是不稱職的市長太太，同時對市長的支持者說聲抱歉，之後關閉臉書。

我想，市長夫人在被網友和媒體圍剿的當下，一定覺得很無辜、很委屈，因爲原本很溫馨的、想要展現夫妻好感情、高興先生長期忙於工作不在家，好不容

易能同桌吃飯的心情短文，卻被人批評得體無完膚、一文不名。但我認爲，這完全是因爲「換了位置，卻沒有跟著換腦袋」的結果。

她應該要知道，當柯文哲選上台北市長之後，自己發言應該要更加謹慎，不能再以一位妻子、一位母親和一位醫生的角度來發文，而必須拉高自己的位階和視野，綜觀全局後，再決定什麼東西可以分享，什麼東西不能分享。尤其當颱風來襲，在各地都可能釀成重大災害的時候，整個心情應該是戒愼恐懼，如臨大敵，結果只因爲老公在家吃飯，就興奮地想跟所有人分享自己的好心情，這在本質上雖然沒有什麼錯，但很容易會被媒體和政敵加以截取渲染，破壞了自己的心情，也傷害了丈夫的形象。

水能載舟，亦能覆舟

即使柯市長當天跑了許多視察災情的行程後才回家吃飯，依然會被人以偏概全地認爲他躲在家裡沒有去勘災；就算柯市長在家也是花大部分時間批改公文、聯繫瞭解各地是否有災情傳出，也會被人描繪成在家吃零食、看電視和睡懶覺。

因此，作爲名人或政治人物的枕邊人或親友，只要自己或身邊的人身分變了、時空不同了，自己的發言就必須跟著調整，更加謹愼，也更須盱衡時勢。

最重要的是，我認爲市長夫人可能沒搞清楚，臉書從來就不是個人頁面，而是打造個人形象與行銷宣傳的工具。

過去她的先生沒有從政時，還可以在上面隨心所欲、暢所欲言，分享些雞毛蒜皮、風花雪月的小事，但打從柯文哲投入選戰、進入市府之後，她的臉書頁面，就不再只是她個人的網站了，應該將其看作爲自己、也爲自己先生打造形象與行銷宣傳的工具，所有的發文和照片，都應該含有能替自己與先生、甚至是台北市政府加分的元素。若是這時還時空錯置、忘記身分，把臉書當作是抒發心情的日記本，那就只會惹禍上身，後悔莫及。

不過，事情既然已經發生，傷害造成也無法回頭，便不必太過自責，不如把它當成是一次最好的經驗與教訓。依照柯市長的聲勢，很有可能在市長任職完畢之後，有進一步的政壇發展，市長夫人可以將這次「吃虧」的經驗牢牢記在腦中，未來有計劃地利用臉書等工具來穩固並提升自己與柯市長的形象，那麼這次的事件，很可能就是他們能趨吉避凶、邁向高位的制勝關鍵點了。

總有人要曲解我的意思……

馬英九先生自從當上總統後，「苦日子」便開始了。過去多年來作為媒體寵兒，媒體幾乎一面倒為他塑造了外型俊美、熱愛運動、學歷超群、勇敢果決、正直清廉的形象，這些全在擔任總統後被打破，尤其他的一些失言風波，在媒體不斷報導下，被攻擊得體無完膚。

二○○九年父親節當晚，莫拉克颱風來襲，暴雨嚴重沖刷台灣地形，土石流更活埋高雄縣甲仙鄉小林村四百七十四人，中央政府當下全無反應，全賴網友、民眾陸續自主回報各地災情，才驚覺事態嚴重，後續處置卻也引發不少爭議。風災後馬總統前往災區探視，當災民向馬總統哭訴全家票都投他，但「想見你一面好難」時，馬總統回應：「我這不是來了嗎？」語氣毫無悲天憫人之情；在探訪被土石流活埋、好不容易救出的小朋友時，還失言誇獎小女孩「妳可以憋氣兩分鐘，真是不簡單！」

老實說，我覺得馬總統在說那些話的當下，心中絕對沒有惡意，問題是說法、用詞和表情都不夠「正確」，再加上媒體全天無限放送，並透過網路快速傳播，於是引來民眾更大的反感。

身爲總統，應該更要懂得自己身分特殊以及應對媒體的方式。因爲是總統，本來做任何事情，都會有人支持，也有人反對，災區你去了會被罵，不去更是會被罵，而媒體一定會用負面的角度來批判你，絕不可能輕易讓你維持美好優雅的形象。

瞭解這一點，在心態上較能釋懷之後，我們再來看看當初的馬總統，可以怎麼做，才能將好意去災區探望災民卻被媒體叮得滿頭包的吃虧窘境扭轉回來。

⊕誇張表現也無妨，有演總比不演好

首先，總統的動作和表情一定要到位。座車一駛入災區，面對風災帶來的大量淤泥和積水，絕不能繞路閃避，或坐著車子從上面經過，而應該立刻打開車門，堅持下車用走的！簡單講，看到哪裡有泥巴和積水，就穿著自己的皮鞋走過去，再不然把鞋襪脫下來，撩起褲腳，直接從泥濘上橫越過去，保證媒體一定閃光燈亮個不停，記錄下這苦民所苦的一幕。

而在面對災民哭著說「我們當年投票給你，爲什麼現在見你卻這麼難」的時候，反應絕對不是脫口而出「我這不是來了嗎？」，而是說「對不起，我來晚了，您有什麼問題儘管告訴我」；見到民眾因爲失去親人，泣不成聲，差點跪在自己眼前，總統應該搶先一步落下悲痛眼淚，攙扶起對方，大聲說：「對不起，政府沒有將你們照顧好，我們做得不夠，現在一定盡所有的力量幫助你們」，然後當場召集救災會議，要求相關單位的主管，立刻研擬出幫助災民的辦法，而且必須及時彙報。

這樣的反應，帶給災民和媒體的，絕對是滿滿的感動，即使有人會批評這是「演很大」和「矯情」，但我相信作爲一位政治人物，「演很大」和「矯情」，總比「演都不想演」和「面無表情」要好太多太多。重點是去強化了那些臉部表情、動作與情緒後，只要眞的有持續地行動，解決了民眾的問題，幾次下來，民眾都會知道你「很會演」，但也是「玩眞的」，支持率自然就上來了。

作爲政治人物或名人，被媒體和網友曲解意思，是再正常不過的事。他們想要惡意曲解你的本意這件事情既然無法改變，就改變你原本不夠重視、不去面對、不去扭轉的心態與作法，加大幅度、強化力道地去回應及扭轉，那麼當初的吃虧，應該都能在自己的努力下「逆轉勝」。即使這麼做的結果未能如你期待地帶來高支持率，那麼至少能做到俯仰無愧，留下極佳的歷史定位。

當個粉絲錯了嗎？

認清自己的身分、專業能力所在，並且在對的場合做對的事，眞的是每個人都該好好修習的人生功課。

日劇天王木村拓哉出道二十八年，前陣子首度來台爲觀光局拍攝宣傳影片，爲了爭睹天王一面，現場的粉絲及媒體擠爆機場。不過，網路上卻瘋傳女主播當時用日文訪問他的片段，不僅打斷木村說話，隨後更用非敬語的問句連續問道「**楽しいでしょう？**」。

「**楽しいでしょう？**」語意相近於中文的「你很開心吧？」這句話在朋友間使用沒問題，而正式場合上，例如訪問，便顯得輕佻不尊重，正確的用法，應該是「**今のお気持ちは如何ですか？**」（您現在的心情如何？）。

結果，女主播當天採訪結束後，居然在臉書上興奮表示自己是木村拓哉的粉絲，而木村也是她從事新聞業的原因，且又強調自己是用日文發問，面露得意，一舉惹來如潮水般的批評聲浪，有網友痛批她「日文不好還沾沾自喜」，也有人不滿砲轟「用職務之便追星，有失專業」，意外成了木村訪台另一焦點。

我認爲，當一個偶像的粉絲，完全沒有任何問題，因爲喜歡、崇拜一個偶像，可以是自我提升的最佳推進力。例如，因爲喜歡小賈斯汀，就把他所有的歌學會，順道連英語也學好了；由於喜歡李敏鎬、金宇彬等韓國「歐巴」，幻想著有一天能在台北或首爾見到對方，便發奮圖強學習韓語，雖然還沒見到對方，但因爲具有韓語能力而開始了筆譯或口譯的工作……這些都是真實發生在我身邊朋友身上的故事，非常正面又勵志。

有自知之明，拿出適得其所的表現

只不過，女主播在機場「堵」木村，一圓追星夢的行徑，卻不是個好例子。首先，她藉由工作名義，去實現個人夢想，還大剌剌地表現出來，便是極不專業的舉動。正式的記者訪問，明明應該是有順序的提問，並交由專業的口譯來協助，硬要展現自己的日文、拉近與偶像間的距離，反而讓人覺得這位記者對主辦方、藝人和自己所屬媒體的不尊重，非常不可取。

就算眞要展現自己的日語實力，也等它如臻化境的時候再表現出來，那麼一開口就能吸引受訪者與周遭人士的目光，的確對自己以及所屬公司的形象品牌，能夠達到加分的效果。只可惜，女主播當時的日語能力，頂多就是平時朋友喝喝酒、聊聊天時的水準，在私下場合用那種程度的日語談天，可以拉近於異國友人間的距離，外國朋友還會覺得你很可愛、努力和眞誠；但若同樣的能力擺在一個正式的場合，就只會貽笑大方，畢竟和專業差距太遠，不僅傷害了自己，也傷害了公司的形象。

更不要說她事後還在臉書上沾沾自喜，說什麼有趁機碰到木村的手、自己使用了日文發問、會想當記者都是因爲木村……等等難登大雅之堂的說法，那簡直是對自己「落井下石」。也難怪網友們開始對她瘋狂地批評，讓她後來受不了壓力關閉臉書，所屬公司也暫時將她冷凍起來，最後自行離職。

她或許會覺得整件事情自己很委屈、吃虧了，但怎麼看都是她自己招致的結果。以這件事情做借鏡，每位職場人都該不斷提醒自己，明白自己的身分、擁有何種專業、該在什麼樣的場合中展現，如此一來，方能適才適所，讓人刮目相看，達到自己原本眞正希望達到的目的。

而主播看似因爲這個事件遭遇了極大的挫折打擊，也不必氣餒，給自己兩到三年的時間，痛下苦功，拉高日語的水平，等到之後再回到主播崗位時，用流利日語對日本的藝人或名人進行全日語的訪問，展現驚人的實力，那麼當年的吃虧，反而成爲了一股推進自己前進的最大力量，也可以算是因禍得福了。

婚姻是童話的終點，也是生活的起點

知名演員、歌手吳建豪，二〇一三年十一月和身家百億的新加坡籍富千金石貞善在美國完婚，當時媒體和粉絲們滿是祝福，不料婚後僅一年多，兩人卻被爆嚴重爭吵，還在社群網站發文互罵。事後雖然兩人都刪文，但家醜已外揚，還取消彼此的Instagram追蹤。吳建豪的公司表示：「藝人私事不回應。」

這則八卦新聞其實揭露了幾個關於婚姻的眞相：

1. **結婚沒有你想像的那麼夢幻。**

許多女人都幻想有一場世紀婚禮，之後就像電影和童話故事裡演的一樣，王子和公主從此過著幸福快樂的生活。但眞實的情形是，生活不像電影、小說和電視劇，「有個結局」，只要倆人「沒死」，是會一直「演下去」的，又因爲兩個人從此住在一起，彼此間沒有了距離所造成的美感，再加上「還不能隨心所欲的分手」，因爲有法律上帶來的問題（分產、名譽受損），更讓原本以爲能繼續戀愛時期美好的兩個人，容易從佳偶變怨偶。

這都是因爲在結婚前，對婚姻這個東西的本質不瞭解，跳進來後，「又不想認命」、更不想「好好學習面對」所導致的問題。

想要擁有美好的婚姻其實也不是那麼難，記得在還沒結婚前，就把它想成一個鍛煉自己情緒和各方面能力的修羅地獄，等眞正在裡頭時，說不定還覺得「沒有原本想得那麼糟呢」，於是沾沾自喜，相對快樂地過好每一天。

2. 注意表達方式。

結婚後，當然有其幸福美好的一面，但那些幸福與美好，卻是藏在「一群勞心勞力的狗屁事」中，你一個不小心，就會被狗屁事弄得心煩意亂，忽略了兩個人在一起的美好，尤其當彼此在婚前都是人見人愛的萬人迷，進到一段關係後，對另一半的忍耐度其實是很低的，可以說是動輒得咎，當初那個愛得要死要活的人，怎麼現在看起來，一舉一動都讓你如此不順眼。

但你只要看過有經驗的前輩們的故事都知道，換下一個人，還是有一堆狗屁倒灶的問題，A沒有的問題B有，C雖然沒有B的問題卻有其他麻煩事……你換來換去，都還是在一堆問題中打轉，早知道還不如待在原本A所製造的問題裡，至少是你比較熟悉的。

既然換人不會比較好，就好好與另一半相處溝通，這時，妥善的表達方式就很重要。一個罵對方表裡不一，一個回敬「管好你的嘴」，都只會讓彼此的關係更惡化，更何況他們是公眾人物，他們的社群網站根本不是「私有的」而是公開的「宣傳媒體」，更是不應該在上面大放厥詞。

永遠要注意彼此溝通的言語，尤其是在吵架的時候，只有倆人聽到的都好轉化、降火，一旦被太多旁人知道，他們只會煽風點火、看好戲。別讓旁人攪亂了你的幸福，他們從來都沒有責任爲你的幸福做出任何努力，千萬別本末倒置，才不會爲自己的幸福帶來最大的虧損。

賺錢誠可貴，商譽價更高

三聚氰胺事件所引爆的食品安全危機，大家是否還記憶猶新？

二〇〇八年九月，中國的石家莊三鹿集團嬰幼兒奶粉，查獲遭三聚氰胺污染，除了三鹿集團外，緊接著又有不少奶精、奶茶以及沖泡咖啡的品牌，都傳出含有三聚氰胺。一時，「奶製品有毒」的恐慌，迅速從中國大陸蔓延到台灣。

三聚氰胺是一種化工原料，呈白色粉沫狀，沒有特殊的氣味，原本多用做餐具器皿或建築用塗料，因具毒性，是不可用於食品加工或做為食品添加劑的。由於奶粉的品級分類，主要是以所含的蛋白質高低爲依據，而含氮量檢測是蛋白質含量的主要指標，因此不肖廠商爲了省錢，減少蛋白質原料，把根本不能食用但價格低廉、富含氮的三聚氰胺摻入奶粉中，以矇混過關，食用過多者，將造成肝臟與腎臟功能的永久傷害。這種不誠實又喪盡天良的舉動，便是造成「毒奶風暴」的元兇。

當時的台灣，人人「聞奶製品而色變」。眼看事態嚴重，生產販賣含奶製品的金車集團董事長李添財，決定先自行送驗自家產品所有的原料，結果經食品工業研究所複檢，確認金車七項三合一咖啡、一項雞蓉玉米濃湯商品含三聚氰胺。金車一方面主動通告衛生署食品衛生處，同時立刻召開緊急記者會，宣佈金車三合一咖啡等產品全數下架，回收十二萬箱。這個舉動，估計將爲金車集團帶來高達一億元新台幣的損失，而這些還不包括退貨金、新產品上架的行銷費用等。三天後，金車集團改換泰國和韓國進口奶精的三合一咖啡，重新進入市場。

坦然承擔，迅速止血

李添財董事長向媒體表示，營收損失事小，毒奶危機對品牌的打擊才是大事。自從初檢報告出爐，李添財最擔心的，就是金車的主力產品罐裝咖啡。儘管罐裝咖啡的奶精是從紐西蘭進口、檢測結果也安全，但若沒有說清楚，一旦被消費者質疑，後果不堪設想。於是他在第一時間便「揮劍自宮」，讓可能有疑慮的產品下架，確認無虞後才重新上架。比起其他許多食品廠商遮遮掩掩，顧左右而言他、逃避卸責的態度，金車集團第一時間認錯、勇於負責的表現，博得媒體大眾的一致喝采。雖然賠上鉅額營收，卻在消費者心目中留下對金車集團產品的良好印象。

反觀後來又爆發的大統長基、富味鄉和頂新的「黑心油」與標示不實欺騙消費者事件，公司負責人說謊、卸責、逃避的態度，著實讓人憤慨。他們大概是認爲，自己也是「受害者」，明明是上游廠商造假、摻別的油、製造過程中處理不當，才造成自己現在的「虧損」，要究責應該也是找那些源頭。問題是當公司向那些供應商取得原料或半成品時，早就該懷疑其低價的背後，是怎樣的製程？收進來的是怎樣的油品？種種跡象顯示，這些上下游廠商，根本就是共犯結構，明知道供貨商有問題，還有人收回扣、故意睜隻眼閉隻眼放水，讓假油或標示不清的油混充。等出事之後又因爲擔心回收、認錯會造成鉅額損失，只好扯謊欺騙，導致後來媒體及民眾更大的反彈，發起「滅頂」行動，最後使得頂新三兄弟在台灣的百億房產遭到法院扣押，原本持有的臺北一〇一大樓股權，也因「民眾觀感不佳」，被迫賣出，失去經營權。

相較之下，金車集團李董事長坦然面對「吃虧」的態度，才是企業家應有的風範。即使覺得很無辜，遭受到不肖廠商帶來的無妄之災，也要衡量逃避問題、不承認錯誤將爲企業形象帶來的損傷。既然大家都是受害者，那麼最先出面、最大動作認錯和採取補救措施的企業，反而能引起所有媒體關注、一次「收割」這次對同業來說毀滅性虧損後的「獲利」，將自己的品牌高度提升到頂點，從長遠的角度來看，反而是一件好事。

賺錢誠可貴，商譽價更高，絕對是經得起考驗的眞理。眼前的虧損即使苦澀，但勇敢地吞下去，才能在未來得到長長久久的利益。

說者無心，聽者有意

前陣子有則新聞報導，榮獲諾貝爾醫學獎的英國生物化學家暨倫敦大學學院榮譽教授蒂姆·亨特（Sir Richard Timothy「Tim」Hunt），在首爾參加世界科學記者大會（World Conference of Science Journalists WCSJ 2015）時說出了「女性不適合從事科學研究」的言論，涉嫌言語貶低和歧視女性，引發輿論軒然大波。事後亨特公開道歉，並宣佈辭去在倫敦大學學院的教職。他當時在會場上的說法是：「讓我告訴你們，女人帶給我哪些麻煩……她們出現在實驗室時，就會發生三件事：你愛上她們、她們愛上你、你批評她們結果她們哭了。」說出這番言論後，幾乎得罪了所有在場與不在場的女性，尤其是女科學家們。他在表示道歉的同時，也承認自己是一個大男人主義者，以他的言論看來，實驗室內不應該出現女性。

我想，當時他對於自己的言論引發如此軒然大波與批評，一定有吃虧委屈的感覺，因爲對他來說，本意可能沒有任何批評嘲笑的意思，而是眞實發生在他身上的「經驗」啊！而且我保證，當下他那麼說的時候，現場一定也有許多聽眾忍不住發笑，他說不定還覺得自己很幽默風趣呢。

而且說眞的，他之所以能夠獲得諾貝爾獎，代表著他在研究方面的卓越成就，如此貢獻絕非一蹴可及，一定是長年累月累積的結果，也就是說，無論他待在哪個實驗室，必定都是同儕中的焦點。這樣的人，對異性充滿魅力，因此當然會有人「愛上他」、主動示好；而身爲一個男人，窈窕淑女，君子好逑，遇到欣賞的異性同事，哪有不「愛上她」的道理？至於職場上，同事或下屬之間遇到意見不合、對方被交辦的任務沒有如期完成時，若是用稍微嚴厲一點的口氣加以指責，女性同仁或下屬一時委屈或悲從中來而流下眼淚，也是常有的情形。

⌖說話看場合，小心禍從口出

同樣的情形男女對調過來也是一樣。一位優秀的女性工作者，難免在職場會吸引男同事的愛慕，讓他們情不自禁愛上自己；若是遇到能力好、有魅力的男同事，芳心大動，對其產生愛慕之情，也是人之常情；現在的職場，女主管人數越來越多，而男人也不再從小被教育「男兒有淚不輕彈」，遭遇女主管的大聲責備，動輒委屈含淚的也所在多有。仔細分析起來，亨特那番言論，眞的沒有那麼罪該萬死啊！

只不過，現在網路流通新聞的速度之快超乎想像，於是他的那段話被截取，成爲了大家討論的重點，而貶低另一個性別，特別是男人貶低女性，是極端的「政治不正確」，因此他遭受猛烈批評，最後辭去倫敦大學學院的教職，可以說是咎由自取。

而更有可能的推斷是，他平時正如自己所說的一樣，充滿強烈的大男人主義，在許多事情上，表現出貶低女人的姿態，早就讓許多下屬或同行非常不滿。「冰凍三尺，非一日之寒」，剛好藉由這個場合，所有人聯合起來，加以引爆（請特別注意，那場活動是科學記者大會，女記者你是惹不起的），造成他灰頭土臉，不得不辭職下台的窘境。

因此，所有人都應該以此爲借鏡，那就是無論如何，都不該有歧視另一個性別的想法或態度，甚至自以爲幽默地將它表現出來。尤其是說任何話都要看場合，亨特的那番言論，若是跟一群男人說，想必不會造成如此的軒然大波。說者無心，聽者有意，任何位居高位，或者想要爬上高位的人，都應該將「不同時間、場合、面對不同人該說不同的話」，當作是提醒自己的金科玉律，否則到時候危機臨頭時，可不是只有吃虧，而是吃癟了。

我只想當個好人，不行嗎？

約莫一年多前，作家導演九把刀因爲劈腿帶小三上摩鐵被八卦周刊拍到，引發軒然大波，他第一時間選擇與小三切割，表明還是想繼續跟交往九年的女友繼續交往，網友立刻罵聲不斷，媒體也開始繼續捕風捉影，尋找他和小三之間交往的來龍去脈。沒想到幾日之後，他自己又發表了一篇「懺情文」，說想面對眞實的自己，並提到自己和小三之間不能公開的戀情也是一段「眞感情」。這篇自白文又引起更多網友的一陣撻伐，認爲九把刀根本是兩個都愛、兩個都想要，批評他是「爛男人」、「僞君子」的罵聲此起彼落。

其實，我覺得九把刀還蠻「倒楣」的，他又沒有結婚，想交幾個女朋友眞的是他的自由，法律根本管不了他；更何況他私領域的事情，跟國計民生有何關係？要不是在台灣媒體「盡報導一些雞毛蒜皮的八卦小事」風氣下，這事根本不會被報導，因爲對於任何一個有良知的媒體來說，此事件都沒有被報導的價值。

從某種意義上來看，九把刀劈腿被媒體這樣大肆渲染，他眞的是「虧大」了。

而針對九把刀的第一個聲明我還沒什麼感覺，第二個聲明則讓我確信，他骨子裡就是一個「好人」。當然這裡的「好人」不是說他眞的有多「好」，而是他的一些心態和行爲，恰恰是許多男人爲什麼交不到女朋友，或者會將自己推向情感地獄的原因，值得所有男人引以爲戒。

⌖好人的通病，讓你輸到脫褲

情場中的「好人」，通常有以下四個問題：

1. **臉皮太薄**。

一被人說幾句，就氣急敗壞地想要解釋。其實九把刀大可完全「不理會」所有人，包括媒體和網友。只要簡單發個聲明，說自己不該腳踏兩條船，現在已經處理好所有問題，然後「人間蒸發」，對所有的外界連絡置之不理，最好到國外躲個一年兩年。等他再回來時應該也沒什麼人在乎他的消息。而九把刀對此事如此積極的回應，在嗜血、需要題材的媒體眼中，簡直就是一塊「寶」，而這則消息也順勢讓陷入食安風暴的頂新魏家可以「鬆一口氣」，暫時躲避媒體的關注。

2. **搞不清楚狀況**。

不必面對的一直面對，該好好面對的卻選擇用糟糕的方式面對。本來九把刀只是個作家，卻刻意將自己營造成「正義的化身」，洪仲丘事件他聲援、太陽花學運他發表意見、頂新事件他也不平則鳴，連跟邱毅的恩怨情仇都可以在那邊吵半天……這些事情其實他都不必出面的，卻跑出來大放厥詞；而他最該好好溝通的感情狀況，卻缺乏深刻的互動溝通，所以才會造成這等窘境。而與小三約會被抓包後，對外又沒有一致的態度和發言，這段他口中曾經的「眞感情」，未來在九把刀的記憶中也許還算溫馨，但捲入這事件的女孩心中大概只剩懊悔還有怨恨。

3. **不懂要狠**。

眞正情場上的狠角色，一定以自己最大利益爲優先考量。在事情發生當下會「選邊站」，要嘛是決定和原本的女朋友繼續在一起，跟第三者做清楚的切割；又或者是選擇第三者，然後召開記者會，表明自己和第三者決定在一起，並且已經和原本的女朋友分手了（雖然女友可能也是看了電視才知道被分手），但就是要做出一個選擇，然後堅持那個決定！

只要你堅持選一邊，雖然會有人很討厭你，但也會有人支持你，認為你「忠於愛情」。結果九把刀先是說要選擇女友，幾天後又發表公開聲明說自己「很喜歡小三」，前後不一致，兩邊都想討好，當然引起更多人的憤慨，認為他不僅對感情不忠誠，也沒有眞正的認錯，甚至還想表現得「深情款款」，讓人實在難以接受。

4. 想要兩面討好。

他原本發文的用意，應該是想讓讀者們知道，他是一個眞實面對自己，包括內心的情感和感受，而且會勇敢地說出來的人，以為大家能將文采和品德分開來看，以後還能繼續創作。但這種兩面討好，甚至是想討好所有人的行為，結果招致了更大的風雨。這正是由於他的好人心態而害了他自己後所必然產生的結果。

以上四種心態，以及所延伸出來的行為，讓九把刀陷入似乎萬劫不復的深淵。不僅傷害了小三，也無法取得女友的原諒，最終還是分手了。而從他的經驗，也正好提醒了所有人，做一個搖擺不定、兩邊都想討好的人，以為這樣才能「不吃虧」，卻反而導致自己「輸到脫褲子」。

面對問題，最好的方式還是選擇立場，堅定到底，用在感情和事業上皆是如此，不可不慎啊！

我是「受害者」啊！

在九把刀事件後沒多久，週刊再驚天一爆，素有「台灣食安良心」美譽的阿基師，被拍到兩度攜熟女上摩鐵，因而身陷緋聞風暴。在記者說明會上，他坦言和被拍到的女子有擁抱、嘴對嘴的動作，但他認爲這不叫出軌，而是一般「國際禮儀」；兩人雖進了摩鐵，不過腦子裡沒想法、心裡沒謀略，就不叫外遇，單純只是「巧遇」，所以他堅持清白，沒做對不起老婆的事。

看到這則新聞，大部分的討論都集中在「阿基師到底有沒有外遇」、「你相不相信阿基師會外遇」、「阿基師到底是不是硬拗」、「男人是不是都沒有忠貞這回事」……。而大家應該也能感受到，媒體無論如何就是希望能將輿論導向「阿基師有和女粉絲發生肉體關係」這個方向上，因爲這是最鹹濕也最嗜血，感覺閱聽率會最高的作法。

不過大家有沒有想過，要是一切眞如阿基師所說，他和女粉絲只有親嘴而且是被強迫親嘴、有擁抱但只是安慰式的擁抱、進摩鐵也是一上車後女粉絲爆衝開進去他來不及阻止……，他眞的沒有和女粉絲發生更進一步的親密關係呢？

如果眞的是這樣，那阿基師可眞慘，簡直就是虧大了。明明沒有法律上認定的通姦，卻已經被媒體和大眾判了罪，過去所累積的名聲、財富、曝光率、代言費、尊敬和喜愛，很可能就這麼一去不復返。因此大家應該可以了解到，如果你也想紅、你也想得到媒體與群眾的尊敬和信任，並且隨著名聲榮譽累積收攬來所有好處的那一刻起，就只能和「非道德」的事情一刀兩斷。在我們的社會裡頭，你是不可能兩者兼得的，尤其現在有狗仔隊夙夜匪懈的跟著你，簡直插翅難飛。

⌖敢犯錯就要不怕失去

所以我認爲，男人啊，當然不應該做這種婚外找小三的事情，但如果你還是忍不住找了，當在事蹟敗露後被外界批評的遍體鱗傷時，應該告訴自己——這是我罪有應得，是我當時做了那個外遇的決定後，而這就是我該承受的後果。然後堂堂正正地承認。

而我認爲阿基師最大的問題，和之前帶小三上摩鐵的九把刀一樣，在於「還希望大眾對自己的認知，能回到從前」，於是他們開記者會解釋、寫懺情信表明心跡，但往往落得越描越黑的下場，最後乾脆噤不做聲，任由媒體自由發揮，反正風頭過了，媒體自然會找到下一個「値得報導」的對象。

自從他們做了那些落人口實的行爲後，就該做好心理準備，他們過往的形象和名譽已經「回不去了」。

以阿基師爲例，乾脆大方承認自己做了不該做的事，然後表示懺悔、立即消失；或者也可以承認後表示，自己只是一個廚師，把菜做好就是自己的工作，大家不要把高道德標準強加在一個廚師身上，自己有七情六慾，也有控制不住自己的時候，那都是自己的問題，也會勇於面對一切後果，以後請問他關於做菜的事情就好，其他事情一概不發言。這樣絕對比在那裡越描越黑、越說越錯，要好上太多太多了。

而九把刀則可以乾脆搖身一變，化作超級把妹達人，把什麼鄭匡宇、斑馬和Max踢到一邊，開班授課教宅男們如何能交到女主播等級的女朋友，就別再試圖營造自己熱血正義的形象。

還是那句老話，在情感裡不要有不該有的負擔，但如果忍不住還是去找小三，就要承受被發現後可能失去自己目前擁有的美好，並且勇敢地去面對一切可能的負面結果。審慎選擇，勇敢負責，這就是男人來到這個世上，需要花一輩子來修行的功課。

大家都死，不如只死一個！

二〇一五年四月，藝人李蒨蓉等貴婦團成員，經由陸軍航空特戰部六〇一旅軍官勞乃成帶領，登上阿帕契直升機，拍照打卡上傳臉書，引發外界嚴厲批評，其後李倩蓉一行人面臨洩漏國家軍事機密、勞乃成竊佔軍用品與欺瞞軍哨等指控。在八月份桃園地檢署偵結，認爲勞乃成和李倩蓉等被告犯罪嫌疑不足，都未涉有違反陸海空軍刑法等，全部處分不起訴。

這件事情在剛被爆出來的時候，李倩蓉原本面對媒體的詢問時，面露輕佻不屑，一副「這有這麼嚴重嗎？」的態度，但後來媒體和網友以及檢調鋪天蓋地地報導和追查，讓李倩蓉嚇得如驚弓之鳥，只好在媒體面前深深一鞠躬，爲自己當時不成熟的拍照舉動表示道歉。

我在想，當時李倩蓉遇到拍照打卡上傳事件被質疑的時候，一定覺得很莫名和無辜，自己不過就是受朋友之邀，登上了一架戰機，高興地和孩子拍幾張照片上網炫耀，怎麼知道會引發這麼多的批評與指控？她說不定覺得自己很吃虧呢！

新聞剛爆發的時候，因爲事情敏感，網民群情激憤，所以我不便在勢頭上發表評論，但無論在當時還是現在，如果可以用另一個角度來看待整起事件，也許能給大家不同的啟發。

如果你是她，你會怎麼做？

撇開那些是否洩漏國家機密的爭論不談，大家有沒有想過，如果你自己是李倩蓉，遇到如此鋪天蓋地的攻擊，該如何做好個人形象與公關危機的處理，讓事情不至於越演越烈，甚至能往好的方向發展呢？

首先，我認爲馬上就認錯並不是一個正確的做法。因爲依照網友和媒體的本質與性格，是不會因此而善罷甘休。你不認錯，他們必定窮追猛打；你認錯，他們繼續落井下石想要置你於死地，除非另外一個更大的事情爆發，例如頂新餿水油事件或九把刀劈腿等新聞轉移焦點，否則輿論會一直繞著你跑。

我左思右想後，認爲當時李倩蓉面臨危機最好的方法，就是把自己塑造成一個受害者。
例如，李倩蓉在事發之後，可以公開說，當初進營區是受邀前往，拍照有經過現場軍官的同意，也沒有任何人耳提面命說不能打卡上傳，如果有任何違反軍令的行爲，那麼事情的源頭，也都該歸咎於一開始帶他們一行人進入營區的勞乃成，自己和其他貴婦團的成員，全是這整起事件的受害者。
也就是說，要「死」，就讓勞乃成一個人「死」吧！
不過，我早就看穿，其實勞乃成也不會「死」，因爲一個軍官敢這樣公然地讓一行民眾進入營區，他絕對不可能是始作俑者，一定早有更上層的將領曾經做過一樣的事情，開過前例，上行下效之後，才有軍官敢帶民眾進來參觀。於是，勞乃成也可以說自己是受害者，因爲上級曾經這麼做過，尤其事發當時，也沒有上級將領制止他啊！
當這麼「層層往上」追溯的時候，反而因爲牽扯的層級過高（最後可以無限上綱到馬英九總統無能、國防部長任命時識人不明、陸軍總司令督導不周……），不可能繼續往上牽連，而導致全體人員安然無恙。果然，最後國防部使出了大絕招，救了所有將領和軍官於水深火熱，直接公佈「陸軍航空特戰部六

◯一旅並非軍事要塞堡壘」，所以沒有洩漏國家機密等違法行爲。媒體和民眾吵了半天，變成「白搞」，合演一齣歹戲拖棚的爛劇，浪費了大量的國家社會資源。

⌖正確的危機處理，讓你由敗轉勝

我在事件一開始爆發的時候，便隱隱覺得登上阿帕契拍照，並非是一件太嚴重的事。美國早有公開展示該軍機讓民眾參觀拍照的前例，網路上也能看到一堆把阿帕契戰機和內部儀錶板拍得清清楚楚的照片，事實上並不像許多媒體和名嘴專家說得那麼罪該萬死。但目前台灣社會蔓延的，是一股「你不能有特權」以及「看到誰比我過得爽就要把他們拉下來」的氛圍，再加上前幾年洪仲丘在部隊被虐待致死事件引發的民怨，導致民心極度痛恨權勢與不公平。李倩蓉和所屬貴婦團在這個當頭上做出這樣的行爲，擺明成了媒體與民眾的箭靶，欲除之而後快。

李倩蓉如果可以看清這個問題的根源，不如就採取最好的方式進行危機處理，將自己塑造成「受害者」，她是整個軍紀渙散和督導不嚴之下的犧牲品，那麼也許大部分的媒體與網友會放過她，轉而尋找其他的「獵物」。李倩蓉也能趁著這次的大肆報導，能夠再次獲得全世界華人甚至國際的關注，而且是以一個制度受害者的身份重返江湖，不至於全盤毀了形象。這，也許也是在整個事件中，唯一能在「吃虧」後扭轉局勢的最佳做法了吧？

闡明自己的價值觀，不行嗎？

歌手梁文音曾經爆發失言風波。她在接受《基督日報》採訪時提到「同志需要被神恢復」，引起各方人士圍剿。她私下坦言，事件爆發後，心情委屈、難過，自己身爲一個基督徒，所以用語在一般人聽來可能不太一樣。她解釋當時說那句話眞正的意思其實是「同志們也需要被愛、被神照顧。」因爲在教會，「恢復」是一個常用的詞彙，例如心情沮喪時也會用「恢復」兩字來安慰對方。

這件事可以從兩個層面來討論。

首先，如果梁文音眞正的意思的確是「恢復」代表「被愛、被照顧」，那麼她的委屈其來有自，內心必定會覺得十分「吃虧」，自己明明不是那個意思，卻被別人曲解。

通常遇到這種情形，傷心、落淚是沒有用的，應該做的，是用盡所有的力氣，加以解釋。例如，她可以眞的找出幾段教會中大家對話、禱告的影片，證明教友們在使用「被神恢復」這樣的詞彙時，代表的眞的是愛與照顧的意思。

不過梁文音應該要瞭解，媒體的本質就是興風作浪，尤其在像狗仔隊這樣的媒體進入台灣後，整個媒體圈都「學壞了」，他們要的就是抓住瑕疵、製造錯誤，甚至故意去激怒名人、藝人，再從他們的反應中，試圖製造出更多的新聞。而作爲一位藝人，有媒體的關注總比沒有好。因此即使梁文音沒有負面的意思，媒體還是會故意猛往她有負面意思的方向去操作，這時，她只要召開記者會，態度平和、義正詞嚴地重申她沒有負面的意思，並且提出「恢復」是一個美好詞彙的證據，這麼堅持表明態度，媒體兩三下就「沒興趣再報導了」，因爲沒有矛盾點和衝突性，而她也能因此達到充分解釋的目的。

見風轉舵，哪裡都去不了

而看待這件事情的第二個思考點是，如果梁文音眞心覺得，同志們的愛是不正常的、應該要被恢復成異性戀的愛呢？若眞是如此，她覺得委屈的地方大概在於：明明教會是這樣教的，但目前社會的氛圍，好像比較傾向於尊重多元成家，自己忠於從小被教授的理念和想法並表達出來，卻遭遇抨擊，只好改口，卻依舊得不到大家的原諒和理解，只覺得自己「好委屈！」

我認爲，如果梁文音眞心覺得同性戀應該被恢復成異性戀，如此才是正常的婚戀關係的話，那麼就應該大聲說出來，並且在遭遇抨擊時，絕對不是落淚委屈，而是再次重申她從小受到的教育讓她認爲，只有異性戀才是正確的。

這麼做，雖然會引起反對者的撻伐，但一定也會引來支持者的讚許。在這個世界上，我們本來就不可能讓所有人都喜歡，只要堅持自己的理念，再用理性、不強迫人的方式來說服對方，自然能吸引支持自己的人站出來。

最怕的就是立場不堅定，一下子反對某件事情，但在遭遇了批評時，又立刻改口說自己其實不反對，這樣只會讓兩方人馬都瞧不起，陷自己於萬劫不復的境地。同樣的道理，也適用於任何因爲理念不合而導致的紛爭。只有堅持自己想法，並且操作出令人信服成績的人，才會得到敬佩與支持；搖擺不定、前後不一的人，註定會被當做過街老鼠來追殺，必須引以爲戒啊！

結語

吃虧，是讓自己與他人更好的力量

看完整本書，相信大家一定都能同意，吃虧眞的能夠發揮強大的力量，端看你如何看待吃虧、面對吃虧、處理吃虧與放下吃虧。

在我書寫的同時，剛好有一則社會新聞，引來媒體的大肆報導與討論。

潤泰集團決定在二〇一六年六月，將位於台北市辛亥路、汀州路口屋齡約二十五年、高十二層樓、共一百零六戶的自建案「潤泰雙子星」大樓打掉，重建十五層樓高的住宅大樓。潤泰創新國際公司總經理李志宏表示，在二〇一二年例行性檢查已完工社區時，發現此大樓有鋼筋外露、混凝土剝落等現象，因而發現這棟大樓疑似海砂屋。雖然當年興建此樓時，政府法規並未制定有關海砂屋等檢測標準，但潤泰集團總裁尹衍樑依然很「大器」地立刻決定，要秉持良心，堅持潤泰永久售後服務的責任，勢必整合所有住戶，不惜成本也要把大樓重新改建。

這則報導一經傳播，立刻引來所有民眾的大聲叫好，尤其在三聚氰胺毒奶風暴、黑心油事件、建商倒閉民眾血本無歸事件之後，居然有一家建設公司，願意提供如此優越的重建服務，這簡直讓人覺得不可思議，紛紛豎起大拇指。

依據媒體的估算，雖然房屋重建，扣除分給原住戶的房源後得以銷售獲利，但潤泰建設依舊將虧損一到兩億元。乍看之下，此重建案對於潤泰建設來說，是一件十分吃虧的事情。但如果大家仔細一想後，會發現其實不然。

潤泰集團的這項舉動，完全呈現了董事長尹衍樑先生的經營哲學，以及「吃虧就是佔便宜」的精髓。我認爲，這整個重建案，絕對是經過精密計算，「刻意吃虧」的結果，目的是爲了謀求潤泰集團的最大利益。

在經歷了一連串黑心油事件、食安風暴事件，導致人民對商人視之如仇寇的當下，潤泰集團的這項舉動，等於只花費了很少的金額，卻能一次將自己的商譽推向其他企業難以望其項背的至高點，獨攬對企業與政府失望透頂的民心。不過花費個一到兩億元，所製造出來的媒體效益難以估計，同時又在人民心目中建立起無堅不摧的信賴感與品牌度，估計未來民眾將直接用手中的新台幣，回饋任何潤泰建設所蓋的房子，以及潤泰集團其他事業群包括大潤發等相關企業上。也就是說，這筆金額不大的投資，幾年內就能一下子全賺回來。

這便是「故意吃虧以獲得巨大利益」的最佳例證。

而透過這個例子也再次證明，虧不是不能吃，而是你怎麼吃，有沒有預視吃虧後的可能性，以及如何透過不同謀略來極大化吃虧後的利益。希望看完這本書的你，從此在面對一般人所認定的吃虧時，心中能多一分篤定，少一分疑懼，用最適合自己也能產生最大效益的方式，將吃虧的力量發揮到極致，再將正面的影響力，放得更大，傳得更遠。

觀成長 007

吃虧的力量

征服險惡職場、破解愛情難關、擊退身邊小人——讓激勵達人教你轉虧為贏的人生致勝法！

作　　者—鄭匡宇
主　　編—林憶純
責任編輯—林謹瓊
行銷企劃—塗幸儀
封面設計—李思瑤
內頁設計—Fim
董 事 長
總 經 理—趙政岷
第五編輯部總監—梁芳春
出 版 者—時報文化出版企業股份有限公司
10803臺北市和平西路三段二四〇號七樓
發行專線—（〇二）二三〇六—六八四二
讀者服務專線—〇八〇〇—二三一—七〇五
（〇二）二三〇四—七一〇三
讀者服務傳真—（〇二）二三〇四—六八五八
郵撥—一九三四四七二四時報文化出版公司
信箱—臺北郵政七九～九九信箱
時報悅讀網—www.readingtimes.com.tw
電子郵件信箱—history@readingtimes.com.tw
法律顧問—理律法律事務所　陳長文律師、李念祖律師
印　　刷—勁達印刷有限公司
初版一刷—二〇一六年一月
定　　價—新臺幣二六〇元
⊙行政院新聞局局版北市業字第八〇號

國家圖書館出版品預行編目（CIP）資料

吃虧的力量 / 鄭匡宇著
. -- 初版. -- 臺北市：時報文化, 2016.01
面；　公分

ISBN 978-957-13-6511-4(平裝)

1.修身 2.生活指導

192.1　　104028108

ISBN 978-957-13-6511-4
Printed in Taiwan